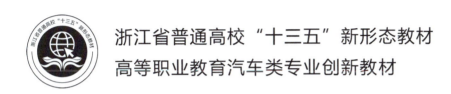

浙江省普通高校"十三五"新形态教材

高等职业教育汽车类专业创新教材

汽车发动机电控系统结构原理与检修实训工单

李先伟 吴荣辉 主编

班级：_____

姓名：_____

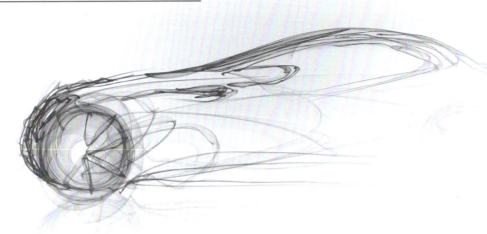

机械工业出版社
CHINA MACHINE PRESS

目录

Contents

项目一
汽油机电控系统结构原理与检修 / 001

- 任务工单一　汽油机电控系统结构认知 / 001
- 任务工单二　燃油供给系统结构原理与检修 / 006
- 任务工单三　空气供给系统结构原理与检修 / 011
- 任务工单四　点火控制系统结构原理与检修 / 017
- 任务工单五　排放控制系统结构原理与检修 / 022

项目二
电控柴油机燃油供给系统结构原理与检修 / 028

- 任务工单一　电控柴油机燃油供给系统结构认知 / 028
- 任务工单二　电控柴油机燃油供给系统检修 / 032

项目三
电控发动机传感器结构原理与检修 / 037

- 任务工单一　空气流量传感器结构原理与检修 / 037
- 任务工单二　进气歧管绝对压力传感器结构原理与检修 / 041
- 任务工单三　节气门/加速踏板位置传感器结构原理与检修 / 046
- 任务工单四　曲轴/凸轮轴位置传感器结构原理与检修 / 052
- 任务工单五　温度传感器结构原理与检修 / 057
- 任务工单六　氧传感器结构原理与检修 / 062
- 任务工单七　爆燃传感器结构原理与检修 / 066

项目四
电控发动机故障诊断与排除 / 070

- 任务工单一　自诊断系统认知与诊断仪器的使用 / 070
- 任务工单二　发动机电子控制单元故障诊断与排除 / 074
- 任务工单三　电控发动机典型故障码诊断与排除 / 078

项目一　汽油机电控系统结构原理与检修

任务工单一　汽油机电控系统结构认知

学生姓名		班　　级		学　　号	
实训场地		学　　时		日　　期	

➡ 技能操作

一、工作任务

本工作任务共有 2 项：

项目 1：汽油机电控系统子系统的识别

项目 2：汽油机电控系统主要传感器、执行器和电子控制单元识别

请根据任务要求，确定所需要的场地和物品，并对小组成员进行合理的分工，制订详细的工作计划。

二、准备工作

落实安全须知，检查及记录完成任务所需要的场地、设备、工具及材料。

1. 安全要求及注意事项

请认真阅读以下内容。

1）实训车辆停在指定工位上，未经过老师批准不准起动，经老师批准起动，应先检查车轮的安全顶块是否放好，驻车制动是否拉好，变速杆是否放在 P 位（A/T）或空档（M/T），车前车后有没有人在操作。
2）发动机运行时不能把手伸入，防止造成意外事故。
3）没有经过老师批准不允许随意连接或拔下电控元器件。
4）点火开关接通时，不允许连接或拔下电控系统元器件的插接器。
5）蓄电池的极性不能接反，否则将烧毁 ECU 与电子元器件。
6）禁止使用起动电源辅助起动发动机，防止损坏电控系统部件。
7）禁止触碰任何带安全警示标志的部件。
8）实训期间严禁嬉戏打闹。

2. 场地检查

检查工作场地是否清洁及是否存在安全隐患，如不正常，请汇报老师并及时处理。

3. 车辆、台架、总成、部件检查（需要 / 正常打√；不需要 / 不正常打 ×）

□整车（一汽 - 大众迈腾整车 / 丰田卡罗拉，或其他同类车辆）

□台架（装备空气流量传感器电控发动机）
□总成（发动机电控系统总成）　□部件（电控发动机的传感器、执行器）

4. 设备及工具检查（需要/正常打√；不需要/不正常打×）

个人防护装备：□常规实训工装　□手套　□劳保鞋　□其他装备
车辆防护装备：□翼子板布　□前格栅布　□地板垫　□座椅套　□转向盘套　□灭火器
设备及拆装工具：□举升机　□发动机吊机　□变速器托架　□抽排气系统　□拆装工具
　　　　　　　　□燃油压力表　□故障诊断仪　□示波器　□数字万用表
　　　　　　　　□红外测温仪　□LED试灯　□其他设备工具

5. 其他材料检查（需要/正常打√；不需要/不正常打×）

材料：□抹布　□绝缘胶布　□发动机机油　□齿轮油　□冷却液　□其他材料
检查异常记录：_____
_____

三、操作流程

根据制订的计划实施，完成以下任务并记录。

项目1：汽油机电控系统子系统的识别

实训车型：_____

在实车或台架上，识别汽油机电控系统的燃油供给系统、空气供给系统、点火控制系统、排放控制系统等子系统。

1）燃油供给系统的组成元件：
2）空气供给系统的组成元件：
3）点火控制系统的组成元件：
4）排放控制系统的组成元件：

项目2：汽油机电控系统主要传感器、执行器和电子控制单元的识别

在实车或台架上，识别汽油机电控系统的传感器、执行器和电子控制单元（ECU）的外观及安装位置，并填写表格。

实训车型1：_____

序号	元器件名称	安装位置简述	导线数	备注
1	空气流量传感器			
2	进气歧管绝对压力传感器			
3	进气温度传感器			
4	节气门体（含节气门位置传感器和电动机）			
5	加速踏板位置传感器			
6	曲轴位置传感器			
7	凸轮轴位置传感器			
8	冷却液温度传感器			
9	氧传感器			

(续)

序号	元器件名称	安装位置简述	导线数	备注
10	爆燃传感器			
11	喷油器			
12	汽油泵			
13	点火模块/点火线圈			
14	可变气门电磁阀			
15	三元催化净化器			
16	电子控制单元			
17	其他元件			
18	其他元件			

注：如果实训车上没有表格上所列的元件或导线，则不填内容。

实训车型 2：_____

序号	元器件名称	安装位置简述	导线数	备注
1	空气流量传感器			
2	进气歧管绝对压力传感器			
3	进气温度传感器			
4	节气门体（含节气门位置传感器和电动机）			
5	加速踏板位置传感器			
6	曲轴位置传感器			
7	凸轮轴位置传感器			
8	冷却液温度传感器			
9	氧传感器			
10	爆燃传感器			
11	喷油器			
12	汽油泵			
13	点火模块/点火线圈			
14	可变气门电磁阀			
15	三元催化净化器			
16	电子控制单元			
17	其他元件			
18	其他元件			

注：如果实训车上没有表格上所列的元件或导线，则不填内容。

任务评价

一、自我评估

1. 判断题

1）燃油供给系统的功用是供给喷油器一定压力的汽油，喷油器则根据 ECU 指令喷油。（   ）

2）空气供给系统只能通过空气流量传感器检测发动机的进气量。（   ）

3）电控汽油发动机采用的点火控制系统，最基本的功用是点火提前角控制。（   ）

4）排放控制系统的功用主要是实现发动机开环控制。（   ）

5）在发动机工作过程中，凸轮轴位置传感器向 ECU 提供发动机转速信号。（   ）

2. 单项选择题

1）下列元件不属于传感器的是（   ）。
    A. 空气流量传感器 B. 曲轴位置传感器
    C. 油泵继电器   D. 加速踏板位置传感器

2）下列元件不属于执行器的是（   ）。
    A. 喷油器   B. 制动开关
    C. 电磁阀   D. 电动汽油泵

3）发动机工作过程中，向 ECU 提供转速信号的传感器是（   ）。
    A. 凸轮轴位置传感器 B. 曲轴位置传感器
    C. 节气门位置传感器 D. 车速传感器

4）发动机工作过程中，向 ECU 提供发动机负荷信号的传感器是（   ）。
    A. 凸轮轴位置传感器 B. 曲轴位置传感器
    C. 节气门位置传感器 D. 车速传感器

5）发动机工作过程中，向 ECU 提供发动机可燃混合气浓度信号的传感器是（   ）。
    A. 空气流量传感器   B. 曲轴位置传感器
    C. 节气门位置传感器 D. 氧传感器

二、自我评价

1）通过本任务的学习，对照本任务的学习目标，你认为你是否已经掌握学习目标的内容？
   知识目标：（   ）
   A. 掌握   B. 部分掌握   C. 未掌握
   说明：

   技能目标：（   ）
   A. 掌握   B. 部分掌握   C. 未掌握
   说明：

2）你是否积极学习，不会的内容积极向别人请教，会的内容积极帮助他人学习？（   ）
    A. 积极学习   B. 积极请教
    C. 积极帮助他人 D. 三者均不积极

3）工具设备和零件有没有落地现象发生，有无保持作业现场的清洁？（   ）
    A. 无落地且场地清洁   B. 有颗粒落地
    C. 保持作业环境清洁   D. 未保持作业现场的清洁

4）实施过程中是否注意操作质量和有无责任心？（   ）
    A．注意质量，有责任心　　　　　　B．不注意质量，有责任心
    C．注意质量，无责任心　　　　　　D．全无
5）在操作过程中是否注意清除隐患，在有安全隐患时是否提示其他同学？（   ）
    A．注意，提示　　　　　　　　　　B．不注意，未提示

学生签名：_____
____年____月____日

三、教师评价及反馈

参照成果展示的得分，学生本次任务成绩
请在□上打 ✓：□不合格　□合格　□良好　□优秀
说明：_____

教师签名：_____
____年____月____日

任务工单二　燃油供给系统结构原理与检修

学生姓名		班　　级		学　　号	
实训场地		学　　时		日　　期	

➡ 技能操作

一、工作任务

本工作任务共有 4 项：

项目 1：燃油供给系统压力测量
项目 2：电动汽油泵及控制电路检测
项目 3：喷油器及控制电路检测
项目 4：汽油缸内直喷系统压力读取

请根据任务要求，确定所需要的场地和物品，并对小组成员进行合理的分工，制订详细的工作计划。

二、准备工作

落实安全要求，检查及记录完成任务需要的场地、设备、工具及材料。

1. 安全要求及注意事项

请认真阅读以下内容。
1）实训车辆停在指定工位上，未经过老师批准不准起动，经老师批准起动，应先检查车轮的安全顶块是否放好，驻车制动是否拉好，变速杆是否放在 P 位（A/T）或空档（M/T），车前车后没有人在操作。
2）发动机运行时不能把手伸入，防止造成意外事故。
3）没有经过老师批准不允许随意连接或拔下电控元器件。
4）点火开关接通时，不允许连接或拔下电控系统元器件的插接器。
5）蓄电池的极性不能接反，否则将烧毁 ECU 与电子元器件。
6）禁止使用起动电源辅助起动发动机，防止损坏电控系统部件。
7）禁止触碰任何带安全警示标志的部件。
8）实训期间严禁嬉戏打闹。

2. 场地检查

检查工作场地是否清洁及是否存在安全隐患，如不正常，请汇报老师并及时处理。

3. 车辆、台架、总成、部件检查（需要 / 正常打√；不需要 / 不正常打 ×）

☐ 整车（一汽 – 大众迈腾整车 / 丰田卡罗拉，或其他同类车辆）
☐ 台架（装备普通燃油供给系统 / 燃油直喷系统的发动机）
☐ 总成（发动机电控系统总成）　　☐ 部件（电控发动机的传感器、执行器）

4. 设备及工具检查（需要/正常打√；不需要/不正常打×）

个人防护装备：□常规实训工装　□手套　□劳保鞋　□其他装备
车辆防护装备：□翼子板布　□前格栅布　□地板垫　□座椅套　□转向盘套　□灭火器
设备及拆装工具：□举升机　□发动机吊机　□变速器托架　□抽排气系统
　　　　　　　　□拆装工具　□燃油压力表　□故障诊断仪　□示波器　□数字万用表
　　　　　　　　□红外测温仪　□LED试灯　□其他设备工具

5. 其他材料检查（需要/正常打√；不需要/不正常打×）

材料：□抹布　□绝缘胶布　□发动机机油　□齿轮油　□冷却液　□其他材料
检查异常记录：_____
_____

三、操作流程

根据制订的计划实施，完成以下任务并记录。

项目1：燃油供给系统压力测量

实训车型：_____
警告：请务必放置灭火器，注意防火。
根据"基本技能"的操作步骤，进行汽油系统压力测试，并记录数据。

操作方法	汽油压力读数		结　论
	标准值/kPa	实际值/kPa	
起动发动机，保持怠速运转			
拔掉真空管（如果车型装备）			
熄火5min后			

项目2：电动汽油泵及控制电路检测

实训车型：_____
警告：请放置灭火器，注意防火。
提示：教师可以根据实际情况设置故障。
根据"基本技能"的操作步骤，进行电动汽油泵及控制电路检测，并记录数据：

（1）检查电动汽油泵工作情况

操作测试条件	操作步骤	标　准	实际结果
打开点火开关 不起动发动机	倾听电动汽油泵动作的声音		

（2）电动汽油泵测试

项　目	方　法	标　准	实　际
线圈测试	断开电动汽油泵插接器； 万用表测量汽油泵电阻		
通电测试	1）蓄电池直接通电 2）时间不得超过10s 3）在蓄电池侧断开接通		

（3）电动汽油泵控制电路检测

```
电动汽油泵电压 ──正常──→ 电动汽油泵检查与测试 ──不正常──→ 更换
      │
    不正常  电压：
      ↓
跨接开路继电器30、87端子 ──燃油泵不工作──→ 检查EFI继电器及控制电路
      │
   电动汽油泵工作
      ↓
检查开路继电器 ──不正常──→ 更换
      │
     正常  开路继电器线圈电阻：  继电器触点：
      ↓
继电器控制电压与信号
      │
   信号不正常  控制电压：  继电器控制搭铁信号：
      ↓
控制单元ECM及发动机转速传感器 ──不正常──→ 更换
```

检测结论：_____
_____

项目3：喷油器及控制电路检测

实训车型：_____
警告：请放置灭火器，注意防火。
提示：教师可以根据实际情况设置故障。
根据"基本技能"的操作步骤操作，并记录数据。

（1）拔下喷油器插接器，使用万用表测量喷油器电阻。

　　标准值：_____
　　实际值：_____

（2）使用万用表测量喷油器插接器 1 号端子和对车身搭铁之间的电压。

　　标准值：_____
　　实际值：_____

（3）使用 LED 试灯连接喷油器两个端子，起动发动机，观察 LED 灯的状况。

　　标准状况：_____
　　实际状况：_____
　　检测结论：_____

项目4：汽油缸内直喷系统压力读取

实训车型：_____
提示：在直喷发动机中，高压系统故障会导致发动机加速无力、熄火等故障。
提示：教师根据需要提前设置故障。
警告：高压时流出的燃油可严重灼伤皮肤和眼睛。
根据"基本技能"的操作步骤操作，并记录数据。
直喷发动机燃油压力数据流读取如下。

1）关闭点火开关。
2）连接诊断仪。
3）起动车辆。
4）进入发动机系统，在怠速及发动机 2 000r/min 的状态下读取数据流。

输入通道号	发动机状态	压 力 值
	怠速状态	
	转速 2 000r/min	

5）故障排除。

根据以上检测的结论，如果不正确，则查找故障原因，并排除故障（应清除故障码）。必要时，根据维修手册拆装步骤更换部件。

任务评价

一、自我评估

1. 判断题

1）如果只是打开点火开关，发动机没有起动，则电动汽油泵是不会工作的。　　（　　）
2）无回油系统的汽油压力比有回油系统的汽油压力要高。　　（　　）
3）当车辆达到最大设定速度时，ECU 将切断喷油器喷油。　　（　　）
4）缸内直喷系统中无低压油泵。　　（　　）
5）燃油压力传感器的输出电压为 5V 时，油轨中的压力最大。　　（　　）

2. 单项选择题

1）喷油器每次喷油的时间的单位是（　　）。
　　A．分钟　　　　　　B．秒　　　　　　C．毫秒　　　　　　D．微秒
2）从喷油器控制电路图可以看出，发动机 ECU 控制喷油器动作，是控制（　　）。
　　A．电源　　　　　　B．搭铁　　　　　C．电源和搭铁　　　D．以上都不是
3）油压调节器的作用是，使油管汽油压力与（　　）压力保持一定的压差。
　　A．回油管　　　　　B．喷油器　　　　C．进气歧管　　　　D．大气
4）高压油轨中的压力限制阀在压力超过（　　）时打开。
　　A．10MPa　　　　　B．11MPa　　　　C．12MPa　　　　　D．以上都不对
5）缸内直喷的高压油泵由（　　）来驱动。
　　A．电机　　　　　　B．飞轮　　　　　C．曲轴　　　　　　D．凸轮轴

二、自我评价

1）通过本任务的学习，对照本任务的学习目标，你认为你是否已经掌握学习目标的内容？
　　知识目标：（　　）
　　A．掌握　　　　　　B．部分掌握　　　C．未掌握
　　说明：_____
　　技能目标：（　　）
　　A．掌握　　　　　　B．部分掌握　　　C．未掌握
　　说明：_____
2）你是否积极学习，不会的内容积极向别人请教，会的内容积极帮助他人学习？（　　）
　　A．积极学习　　　　　　　　　　　　B．积极请教
　　C．积极帮助他人　　　　　　　　　　D．三者均不积极

3）工具设备和零件有没有落地现象发生，有无保持作业现场的清洁？（　　）
　　A．无落地且场地清洁　　　　　　B．有颗粒落地
　　C．保持作业环境清洁　　　　　　D．未保持作业现场的清洁
4）实施过程中是否注意操作质量和有无责任心？（　　）
　　A．注意质量，有责任心　　　　　B．不注意质量，有责任心
　　C．注意质量，无责任心　　　　　D．全无
5）在操作过程中是否注意清除隐患，在有安全隐患时是否提示其他同学？（　　）
　　A．注意，提示　　　　　　　　　B．不注意，未提示

学生签名：_____
____年____月____日

三、教师评价及反馈

参照成果展示的得分，学生本次任务成绩
请在□上打✓：□不合格　□合格　□良好　□优秀
说明：_____

教师签名：_____
____年____月____日

任务工单三　空气供给系统结构原理与检修

学生姓名		班　　级		学　　号	
实训场地		学　　时		日　　期	

➡ 技能操作

一、工作任务

本工作任务共有 5 项：

项目 1：怠速转速检查

项目 2：电子节气门控制系统检修

项目 3：可变气门控制系统检修

项目 4：可变进气管道控制系统检修

项目 5：进气增压控制系统检修

请根据任务要求，确定所需要的场地和物品，并对小组成员进行合理的分工，制订详细的工作计划。

二、准备工作

落实安全要求，检查及记录完成任务需要的场地、设备、工具及材料。

1. 安全要求及注意事项

请认真阅读以下内容。

1）实训车辆停在指定工位上，未经过老师批准不准起动，经老师批准起动，应先检查车轮的安全顶块是否放好，驻车制动是否拉好，变速杆是否放在 P 位（A/T）或空档（M/T），车前车后没有人在操作。

2）发动机运行时不能把手伸入，防止造成意外事故。

3）没有经过老师批准不允许随意连接或拔下电控元器件。

4）点火开关接通时，不允许连接或拔下电控系统元器件的插接器。

5）蓄电池的极性不能接反，否则将烧毁 ECU 与电子元器件。

6）禁止使用起动电源辅助起动发动机，防止损坏电控系统部件。

7）禁止触碰任何带安全警示标志的部件。

8）实训期间严禁嬉戏打闹。

2. 场地检查

检查工作场地是否清洁及是否存在安全隐患，如不正常，请汇报老师并及时处理。

3. 车辆、台架、总成、部件检查（需要 / 正常打√；不需要 / 不正常打 ×）

□整车（一汽 – 大众迈腾整车 / 丰田卡罗拉，或其他同类车辆）

□台架（装备普通节气门 / 电子节气门的电控发动机）

□总成（发动机电控系统总成）　□部件（电控发动机的传感器、执行器）

4. 设备及工具检查（需要 / 正常打√；不需要 / 不正常打 ×）

个人防护装备：□常规实训工装　□手套　□劳保鞋　□其他装备
车辆防护装备：□翼子板布　□前格栅布　□地板垫　□座椅套　□转向盘套　□灭火器
设备及拆装工具：□举升机　□发动机吊车　□变速器托架　□抽排气系统　□拆装工具
　　　　　　　　□燃油压力表　□故障诊断仪　□示波器　□数字万用表
　　　　　　　　□红外测温仪　□LED 试灯　□其他设备工具

5. 其他材料检查（需要 / 正常打√；不需要 / 不正常打 ×）

材料：□抹布　□绝缘胶布　□发动机机油　□齿轮油　□冷却液　□其他材料
检查异常记录：_____

三、操作流程

根据制订的计划实施，完成以下任务并记录。

项目 1：怠速转速检查

实训车型（电子节气门）：_____
实训车型（传统节气门）：_____

根据"基本技能"步骤，分别进行电子节气门车型（大众迈腾）及传统节气门车型怠速检查，并记录。

车　型	标准 / 目标转速 /（r/min）	实际转速 /（r/min）	结论（是否正常）	不正常原因
电子节气门车型				
传统节气门车型				

项目 2：电子节气门控制系统检修

实训车型：_____
提示：教师根据需要提前设置故障。

根据"基本技能"或参考车型维修手册的步骤，检查电子节气门体总成，回答以下问题。

1）点火开关从 ON 到 OFF 时节气门控制电机是否动作？
_____

2）电机的工作声音是否正常？
_____

3）节气门全开时的节气门开度？
　　开度数据：_____

4）电机电阻
　　正常电阻：20℃时，0.3~100Ω
　　实测值：_____

5）结论：所检测的电子节气门是否正常？
_____

项目 3：可变气门控制系统检修

实训车型：_____
提示：教师根据需要提前设置故障。

参照"基本技能"的步骤，对可变气门系统进行检测，并回答问题。
（1）就车检测
　　提示：根据实训条件，在教师指导下进行。
　　发动机运行的情况下，直接给凸轮轴正时机油控制阀施加蓄电池电压。
　　发动机转速变化情况：_____。
　　结论：_____。
（2）凸轮轴正时机油控制阀电阻检测
　　标准阻值：20℃时，6.9~7.9Ω。
　　实测阻值：_____。
　　结论：_____。
（3）凸轮轴正时机油控制阀动作测试
　　控制阀动作情况：_____。
　　结论：_____。

项目4：可变进气管道控制系统检修
实训车型：_____
提示：教师根据需要提前设置故障。
（1）依据"基本技能"或教师指定的范围寻找实训车上的以下元件，并填表：

元件名称	安装位置	导线数量	结构类型
电磁阀			

（2）电磁阀的检测
　　1）关闭点火开关。
　　2）拔下电磁阀插接器。
　　3）根据"基本技能"或维修手册，确定控制阀的检测方法。

元件名称	标 准 值	检 测 值	总体状况评价
电磁阀			

（3）膜片转换阀及真空管路检查
　　结论：_____。
（4）其他机械故障
　　结论：_____。

项目5：进气增压控制系统检修
实训车型：_____
提示：教师根据需要提前设置故障。
（1）增压压力测量
　　1）连接诊断仪。
　　2）挂空档，拉驻车制动，起动发动机。
　　3）进入诊断仪的08数据流读取功能。
　　4）输入通道号。（是否正常）
　　5）急踩加速踏板到4 000r／min。（不可以保持）
　　6）读取检测仪上4区数据流。（是否正常）

（2）增压系统部件检测

1）检查机械式空气再循环阀。

空气再循环阀状态。（是否正常）

2）检查涡轮增压器空气再循环阀和增压压力限制电磁阀。

a. 打开点火开关（不起动发动机）连接诊断仪，进入发动机系统 03 执行元件诊断功能。

空气再循环阀电磁阀状态。（是否正常）

增压压力限制电磁阀电磁阀状态。（是否正常）

b. 拔下涡轮增压器空气再循环阀的导线插接器。

用万用表电阻档在涡轮增压器空气再循环控制阀侧导线插接器处检查涡轮增压器空气再循环阀的电阻，其值应为_____Ω。（是否正常）

用万用表电阻档在涡轮增压器增压压力限制电磁阀侧导线插接器处检查涡轮增压器空气再循环阀的电阻，阻值应为_____Ω。（是否正常）

3）检查增压压力传感器。

a. 拔下增压压力传感器插头，将万用表表笔接到插头触点 1 和 3 之间，接通点火开关。

测量值：_____。（是否正常）

b. 插上增压压力传感器导线插接器，用万用表电压档测量增压压力传感器导线插接器信号端子和搭铁端子之间的电压。

发动机怠速运转时，信号电压值约为_____。（是否正常）

发动机急加速时，信号电压值为_____。（是否正常）

➡ 任务评价

一、自我评估

1. 判断题

1）怠速运转的高低直接影响燃油消耗和排放污染。（   ）

2）怠速控制的目的，是在保证发动机运转稳定的前提下，尽量使发动机保持高怠速运转。（   ）

3）节气门体上设置冷却水道，主要目的是对节气门体进行冷却。（   ）

4）电子节气门的开度，并不完全取决于加速踏板的位置。（   ）

5）可变气门控制系统是通过改变气门开度的大小来控制气门正时的。（   ）

6）发动机 ECU 利用来自凸轮轴位置传感器和曲轴位置传感器的信号检测实际气门正时。（   ）

7）可变进气管道控制主要是控制管道的截面积。（   ）

8）可变进气道变化以后，主要是进气阻力下降，进气路径变短，进气更畅通。（   ）

9）增压压力的控制是通过改变废气流经涡轮速度，实现对增压压力的控制。（   ）

10）涡轮增压器需要有单独的润滑油供应管路，并为浮动轴承提供油膜支撑。（   ）

2. 单项选择题

1）各种怠速控制阀中，三线的是（   ）。

　　A．脉冲电磁阀　　　　B．旋转滑阀　　　　C．步进电机　　　　D．节气门电机

2）下列元件直接控制节气门开度的是（   ）。

　　A．旋转滑阀　　　　　　　　　　　　　B．步进电机

　　C．怠速电磁阀　　　　　　　　　　　　D．节气门定位电机

3）电子节气门的定位电机一般选用（　　）。
　　A. 直流电机　　　　　　　　　B. 交流电机
　　C. 步进电机　　　　　　　　　D. 脉冲电磁阀
4）电子节气门的插接器通常连接（　　）条导线。
　　A. 2　　　　　B. 4　　　　　C. 6　　　　　D. 8
5）ECU控制可变正时机构的电磁阀的信号是（　　）。
　　A. 直流12V　　　　　　　　　B. 交流信号
　　C. 占空比脉冲信号　　　　　　D. 串行信号
6）可变气门控制系统出现故障，一般会造成发动机（　　）故障。
　　A. 无法起动　　　　　　　　　B. 怠速或加速不良
　　C. 冷却液温度过高　　　　　　D. 起动困难
7）可变进气管道控制系统失效后，会保持（　　）进气通道状态。
　　A. 长　　　　　B. 短　　　　　C. 窄　　　　　D. 宽
8）可变进气道的转换阀门，一般是通过（　　）带动，打开和关闭的。
　　A. 直流电机　　B. 拉杆　　　　C. 电磁阀　　　D. 真空阀
9）废气涡轮增压器损坏，一般会造成（　　）。
　　A. 无法起动　　B. 加速不良　　C. 冒黑烟　　　D. 水温升高
10）涡轮增压的轴承形式为（　　）
　　A. 全浮式润滑轴承　　　　　　B. 半浮式润滑轴承
　　C. 滚珠式轴承　　　　　　　　D. 滚针轴承

3. 多项选择题

1）下列哪种情况需要进行怠速设定？（　　）
　　A. 清洗节气门　　　　　　　　B. 更换节气门位置传感器
　　C. 更换ECU　　　　　　　　　D. 更换节气门体总成
2）常见的旁通空气控制怠速机构有（　　）。
　　A. 旋转滑阀式　　　　　　　　B. 怠速步进电机式
　　C. 脉冲电磁阀式　　　　　　　D. 节气门定位电机式
3）电控发动机怠速稳定性修正的控制信号有哪些？（　　）
　　A. 车速传感器信号　　　　　　B. 冷却液温度传感器信号
　　C. 空调开关信号　　　　　　　D. 节气门位置传感器信号
4）电子节气门系统具备哪些扩展功能？（　　）
　　A. 巡航控制　　　　　　　　　B. 牵引力控制
　　C. 怠速控制　　　　　　　　　D. 自动变速器换档控制
5）若加速踏板位置传感器的一组传感器故障造成失效，则（　　）。
　　A. 发动机不能起动　　　　　　B. ECU记忆故障码
　　C. 发动机故障指示灯点亮　　　D. 发动机限速运行
6）可变气门电控系统主要根据发动机（　　）的变化，对气门正时和升程进行调整。
　　A. 转速　　　　B. 温度　　　　C. 负荷　　　　D. 功率
7）会造成可变气门正时机构故障的是（　　）。
　　A. 装配不当　　B. 机油质量　　C. 线路不良　　D. 急加速
8）涡轮增压器的冷却方式有（　　）。
　　A. 风冷　　　　B. 水冷　　　　C. 机油冷却　　D. 不用冷却

9）中冷器的作用有（　　）。
   A．降低进气温度　　　　　　　　B．提高进气效率
   C．防止爆燃　　　　　　　　　　D．增加进气压力
10）废气涡轮增压系统的优点有（　　）。
   A．提升功率和转矩　　　　　　　B．降低油耗
   C．减小排放污染　　　　　　　　D．降低噪声

二、自我评价

1）通过本任务的学习，对照本任务的学习目标，你认为你是否已经掌握学习目标的内容？
   知识目标：（　　）
   A．掌握　　　　　　B．部分掌握　　　　　C．未掌握
   说明：_____
   技能目标：（　　）
   A．掌握　　　　　　B．部分掌握　　　　　C．未掌握
   说明：_____
2）你是否积极学习，不会的内容积极向别人请教，会的内容积极帮助他人学习？（　　）
   A．积极学习　　　　　　　　　　B．积极请教
   C．积极帮助他人　　　　　　　　D．三者均不积极
3）工具设备和零件有没有落地现象发生，有无保持作业现场的清洁？（　　）
   A．无落地且场地清洁　　　　　　B．有颗粒落地
   C．保持作业环境清洁　　　　　　D．未保持作业现场的清洁
4）实施过程中是否注意操作质量和有无责任心？（　　）
   A．注意质量，有责任心　　　　　B．不注意质量，有责任心
   C．注意质量，无责任心　　　　　D．全无
5）在操作过程中是否注意清除隐患，在有安全隐患时是否提示其他同学？（　　）
   A．注意，提示　　　　　　　　　B．不注意，未提示

学生签名：_____
____年____月____日

三、教师评价及反馈

参照成果展示的得分，学生本次任务成绩
请在□上打✓：□不合格　□合格　□良好　□优秀
说明：_____

教师签名：_____
____年____月____日

任务工单四　点火控制系统结构原理与检修

学生姓名		班　级		学　号	
实训场地		学　时		日　期	

➡ 技能操作

一、工作任务

本工作任务共有 3 项：

项目 1：独立点火线圈检测（丰田）

项目 2：独立点火线圈检测（大众）

项目 3：双点火线圈检测

请根据任务要求，确定所需要的场地和物品，并对小组成员进行合理的分工，制订详细的工作计划。

二、准备工作

落实安全要求，检查及记录完成任务需要的场地、设备、工具及材料。

1. 安全要求及注意事项

请认真阅读以下内容。

1）实训车辆停在指定工位上，未经过老师批准不准起动，经老师批准起动，应先检查车轮的安全顶块是否放好，驻车制动是否拉好，变速杆是否放在 P 位（A/T）或空档（M/T），车前车后有没有人在操作。

2）发动机运行时不能把手伸入，防止造成意外事故。

3）没有经过老师批准不允许随意连接或拔下电控元器件。

4）点火开关接通时，不允许连接或拔下电控系统元器件的插接器。

5）蓄电池的极性不能接反，否则将烧毁 ECU 与电子元器件。

6）禁止使用起动电源辅助起动发动机，防止损坏电控系统部件。

7）禁止触碰任何带安全警示标志的部件。

8）实训期间严禁嬉戏打闹。

2. 场地检查

检查工作场地是否清洁及是否存在安全隐患，如不正常，请汇报老师并及时处理。

3. 车辆、台架、总成、部件检查（需要 / 正常打√；不需要 / 不正常打 ×）

□整车（一汽 – 大众迈腾整车 / 丰田卡罗拉，或其他同类车辆）

□台架（装备各种点火类型的电控发动机）

□总成（发动机电控系统总成）　□部件（电控发动机的传感器、执行器）

4. 设备及工具检查（需要 / 正常打√；不需要 / 不正常打 ×）

个人防护装备：□常规实训工装　　□手套　　□劳保鞋　　□其他装备

车辆防护装备：□翼子板布　□前格栅布　□地板垫　□座椅套　□转向盘套　□灭火器
设备及拆装工具：□举升机　□发动机吊机　□变速器托架　□抽排气系统　□拆装工具
　　　　　　　　□燃油压力表　□故障诊断仪　□示波器　□数字万用表
　　　　　　　　□红外测温仪　□LED试灯　□其他设备工具

5. 其他材料检查（需要/正常打√；不需要/不正常打×）

材料：□抹布　□绝缘胶布　□发动机机油　□齿轮油　□冷却液　□其他材料
检查异常记录：_____

三、操作流程

根据制订的计划实施，完成以下任务并记录。

项目1：独立点火线圈检测（丰田）

实训车型：_____

提示：教师根据需要提前设置故障。

（1）端子识别

画出检测车型点火线圈端子图，并标明端子含义。

（2）供电电源的检测

电源实测值：_____

标准值：_____

结论：_____

搭铁实测值：_____

标准值：_____

结论：_____

（3）点火控制和确认信号的检测

项　　目	IGT控制信号	IGF确认信号
实测值		
标准值		
结论		

（4）点火控制信号和确认信号波形的检测

用示波器测量IGT、IGF的波形，与标准波形比较。

结论：_____

项目2：独立点火线圈检测（大众）

实训车型：_____

提示：教师根据需要提前设置故障。

（1）端子识别

　　画出检测车型点火线圈端子图，并标明端子含义。

（2）供电电源的检测

　　电源实测值：_____

　　标准值：_____

　　结论：_____

　　搭铁实测值：_____

　　标准值：_____

　　结论：_____

（3）点火控制号的检测

项　　目	点火控制信号
实测值	
标准值	
结论	

项目3：双点火线圈检测

实训车型：_____

提示：教师根据需要提前设置故障。

（1）端子识别

　　画出检测车型点火线圈端子图，并标明端子含义。

（2）供电电源的检测

　　电源实测值：_____

　　标准值：_____

　　结论：_____

（3）点火控制信号的检测

项　　目	端子A	端子C
实测值		
标准值		
结论		

（4）点火线圈电阻的检测

项　　目	初级绕组	次级绕组
B-C		—
B-A		—
1-4	—	
2-3	—	
标准值		
结论		

任务评价

一、自我评估

1. 判断题

1）使火花塞两电极之间的间隙击穿并产生电火花所需要的电压，称为火花塞击穿电压。（　　）

2）点火提前角越迟越好。（　　）

3）蓄电池的电压会影响点火线圈初级电流。（　　）

4）随着发动机工作温度的降低，爆燃的倾向会增加。（　　）

5）没有发动机的转速信号，无法产生高压火花。（　　）

2. 单项选择题

1）将电源 12V 的低压电转变成 15~20kV 的高压电的部件是（　　）。
　　A．火花塞　　　B．点火线圈　　C．曲轴位置传感器　　D．控制单元

2）混合气在气缸内燃烧，当最高燃烧压力出现在上止点后（　　）左右时，发动机的输出功率最大。
　　A．0°　　　　　B．5°　　　　　C．10°　　　　　　　D．20°

3）直列 4 缸发动机的点火顺序是（　　）
　　A．1234　　　　B．1423　　　　C．4321　　　　　　　D．1342

4）电控单元通过（　　）控制点火时刻。
　　A．点火开关信号　　　　　B．起动信号
　　C．转速信号　　　　　　　D．进气信号

5）火花塞击穿产生火花的电压约为（　　）。
　　A．12V　　　　B．220V　　　　C．15~20kV　　　　　D．100kV

二、自我评价

1）通过本任务的学习，对照本任务的学习目标，你认为你是否已经掌握学习目标的内容？

知识目标：（　　）
　　A．掌握　　　　　B．部分掌握　　　C．未掌握
说明：

技能目标：（　　）
　　A．掌握　　　　　B．部分掌握　　　C．未掌握

说明：_____

2）你是否积极学习，不会的内容积极向别人请教，会的内容积极帮助他人学习？（　　）
　　A．积极学习　　　　　　　　　B．积极请教
　　C．积极帮助他人　　　　　　　D．三者均不积极

3）工具设备和零件有没有落地现象发生，有无保持作业现场的清洁？（　　）
　　A．无落地且场地清洁　　　　　B．有颗粒落地
　　C．保持作业环境清洁　　　　　D．未保持作业现场的清洁

4）实施过程中是否注意操作质量和有无责任心？（　　）
　　A．注意质量，有责任心　　　　B．不注意质量，有责任心
　　C．注意质量，无责任心　　　　D．全无

5）在操作过程中是否注意清除隐患，在有安全隐患时是否提示其他同学？（　　）
　　A．注意，提示　　　　　　　　B．不注意，未提示

学生签名：_____
____年____月____日

三、教师评价及反馈

参照成果展示的得分，学生本次任务成绩
请在□上打✓：□不合格　□合格　□良好　□优秀
说明：_____

教师签名：_____
____年____月____日

任务工单五　排放控制系统结构原理与检修

学生姓名		班　　级		学　　号	
实训场地		学　　时		日　　期	

▶ 技能操作

一、工作任务

本工作任务共有 7 项：

项目 1：排放控制系统结构组成认知
项目 2：曲轴箱强制通风系统故障诊断与检修
项目 3：汽油蒸发控制系统故障诊断与检修
项目 4：排气再循环系统故障诊断与检修
项目 5：二次空气喷射系统故障诊断与检修
项目 6：三元催化净化器故障诊断与检修
项目 7：尾气分析仪检测尾气

请根据任务要求，确定所需要的场地和物品，并对小组成员进行合理的分工，制订详细的工作计划。

二、准备工作

落实安全要求，检查及记录完成任务需要的场地、设备、工具及材料。

1. 安全要求及注意事项

请认真阅读以下内容。

1）实训车辆停在指定工位上，未经过老师批准不准起动，经老师批准起动，应先检查车轮的安全顶块是否放好，驻车制动是否拉好，变速杆是否放在 P 位（A/T）或空档（M/T），车前车后有没有人在操作。
2）发动机运行时不能把手伸入，防止造成意外事故。
3）没有经过老师批准不允许随意连接或拔下电控元器件。
4）点火开关接通时，不允许连接或拔下电控系统元器件的插接器。
5）蓄电池的极性不能接反，否则将烧毁 ECU 与电子元器件。
6）禁止使用起动电源辅助起动发动机，防止损坏电控系统部件。
7）禁止触碰任何带安全警示标志的部件。
8）实训期间严禁嬉戏打闹。

2. 场地检查

检查工作场地是否清洁及是否存在安全隐患，如不正常，请汇报老师并及时处理。

3. 车辆、台架、总成、部件检查（需要 / 正常打√；不需要 / 不正常打 ×）

☐ 整车（一汽 – 大众迈腾整车 / 丰田卡罗拉，或其他同类车辆）

□台架（装备各种排放类型的电控发动机）
□总成（发动机电控系统总成） □部件（电控发动机的传感器、执行器）

4. 设备及工具检查（需要/正常打√；不需要/不正常打×）

个人防护装备：□常规实训工装　□手套　□劳保鞋　□其他装备
车辆防护装备：□翼子板布　□前格栅布　□地板垫　□座椅套　□转向盘套　□灭火器
设备及拆装工具：□举升机　□发动机吊机　□变速器托架　□抽排气系统　□拆装工具
　　　　　　　□燃油压力表　□故障诊断仪　□示波器　□数字万用表
　　　　　　　□红外测温仪　□LED试灯　□其他设备工具

5. 其他材料检查（需要/正常打√；不需要/不正常打×）

材料：□抹布　□绝缘胶布　□发动机机油　□齿轮油　□冷却液　□其他材料
检查异常记录：_____

三、操作流程

根据制订的计划实施，完成以下任务并记录。

项目1：排放控制系统结构组成认知

实训车型：_____

（1）查看发动机都装备了哪些排放控制系统

　　关闭发动机，打开发动机舱盖，查找排放系统相关的部件。

（2）填写部件名称并将部件在提供的发动机或部件中找出

系统	曲轴箱强制通风系统	汽油蒸发控制系统	排气再循环系统	二次空气供给系统	三元催化净化器	其他
位置						

项目2：曲轴箱强制通风系统故障诊断与检修

实训车型：_____

提示：教师根据需要提前设置故障。

（1）曲轴箱强制通风系统外观检查

　　检查曲轴箱强制通风系统，是否有堵塞、泄漏、脱落、破损及其他损坏。

　　检查结果（说明造成故障及排除方法）：_____

（2）PCV通风阀检测

　　检查结果（说明造成故障及排除方法）：_____

项目3：汽油蒸发控制系统故障诊断与检修

实训车型：_____

提示：教师根据需要提前设置故障。

（1）汽油蒸发控制系统外观检查

　　检查汽油蒸发控制系统，是否有堵塞、泄漏、脱落、破损及其他损坏。

　　检查结果（说明造成故障及排除方法）：_____
　　_____

（2）就车检查

　　检查结果（说明造成故障及排除方法）：_____

（3）电磁阀检测

检查结果（说明造成故障及排除方法）：_____

（4）炭罐及管路检查

　　检查结果（说明造成故障及排除方法）：_____

项目 4：排气再循环系统故障诊断与检修

实训车型：_____

提示：教师根据需要提前设置故障。

（1）排气再循环系统外观检查

　　检查排气再循环系统，是否有堵塞、泄漏、脱落、破损及其他损坏。

　　检查结果（说明造成故障及排除方法）：_____

（2）就车检查

　　检查结果（说明造成故障及排除方法）：_____

（3）电磁阀的检测

　　检查结果（说明造成故障及排除方法）：_____

（4）EGR 阀检测

　　检查结果（说明造成故障及排除方法）：_____

项目 5：二次空气喷射系统故障诊断与检修

实训车型：_____

提示：教师根据需要提前设置故障。

（1）二次空气喷射系统外观检查

　　检查二次空气喷射系统，是否有堵塞、泄漏、脱落、破损及其他损坏。

　　检查结果（说明造成故障及排除方法）：_____

（2）二次空气喷射系统功能验证

　　检查结果（说明造成故障及排除方法）：_____

（3）电源及线路检查

　　检查结果（说明造成故障及排除方法）：_____

（4）检查二次空气泵电机

　　检查结果（说明造成故障及排除方法）：_____

（5）检查二次空气组合阀

　　检查结果（说明造成故障及排除方法）：_____

项目 6：三元催化净化器故障诊断与检修

实训车型：_____

提示：教师根据需要提前设置故障。

（1）三元催化净化器外观检查

　　检查三元催化净化器，是否有堵塞、泄漏、脱落、破损及其他损坏。

　　检查结果（说明造成故障及排除方法）：_____

（2）三元催化净化器堵塞检测

　　1）起动发动机，使发动机达到正常的工作温度。

　　2）使用红外测温仪测量三元催化前后温度。

　　并进行以下记录。

三元催化前温度	三元催化后温度	标准差值	结论（是否正常）

（3）三元催化净化器不起作用形检测

1）起动发动机，使发动机达到正常的工作温度。

2）使用故障诊断仪检测前、后氧传感器信号电压变化次数，分析催化剂性能是否良好。

前氧传感器变化率 （10s 变化次数）	后氧传感器变化率 （10s 变化次数）	标准差值	结论 （是否正常）
		相差越大，工作越好	

3）使用示波器测量前、后氧传感器信号电压波形，分析催化剂性能是否良好。

实测波形图：

前氧传感器	后氧传感器
结论：	

项目 7：尾气分析仪检测尾气

参考型号：南华 NHA-506

实训型号：_____

（1）开机预热及检查

　　操作记录（正常/异常情况）：_____

（2）自检调零

　　操作记录（正常/异常情况）：_____

（3）调零结果

　　操作记录（正常/异常情况）：_____

（4）选择检测方法

　　操作记录（正常/异常情况）：_____

（5）加速发动机并保持转速

　　操作记录（正常/异常情况）：_____

（6）减速发动机并保持怠速转速

　　操作记录（正常/异常情况）：_____

（7）取样并读数

　　操作记录（正常/异常情况）：_____

项目	结论	过量空气系数（λ）	HC	CO	CO_2	O_2	NO_2
高怠速	检测数据						
	是否正常						
低怠速	检测数据						
	是否正常						

（8）残留清除及 5S

操作记录（正常/异常情况）：_____

任务评价

一、自我评估

1. 判断题

1）曲轴箱通风系统漏气，会造成发动机怠速不稳。（ ）
2）一氧化碳是混合气中氧含量过多的产物，对人体无害。（ ）
3）炭罐是通过内部的活性炭来吸附燃油蒸气的。（ ）
4）燃油蒸气排放系统故障，发动机故障指示灯不会亮起。（ ）
5）排气再循环的作用是减少 HC、CO 和 NO_x 的排放量。（ ）
6）EGR 控制系统是将适量的废气重新引入气缸燃烧，从而提高气缸的最高温度。（ ）
7）二次空气系统主要的功用是降低氮氧化物排放。（ ）
8）二次空气喷射系统可以使三元催化净化器更快地达到工作温度。（ ）
9）三元催化净化器损坏，尾气中 HC、CO 和 NO_x 的排放量会增加。（ ）
10）三元催化净化器前、后氧传感器的电压波动一致，说明净化器工作正常。（ ）

2. 单项选择题

1）能同时清除 3 种有害气体的是（   ）。
   A. PCV   B. EGR   C. TWC   D. EVAP
2）形成酸雨的废气成分是（   ）。
   A. NO_x B. CO_2 C. HC   D. CO
3）炭罐电磁阀的工作电源是（   ）。
   A. 5V   B. 蓄电池电压 C. 0V   D. 24V
4）EVA 系统主要用来减少（   ）的排放量。
   A. C   B. HC   C. NO_x D. 水蒸气
5）在怠速时，如果 EGR 阀打开，可能导致发动机（   ）。
   A. 抖动   B. 易熄火
   C. 故障警告灯点亮   D. 以上都正确
6）冷车起动后，二次空气喷射系统工作时间为（   ）。
   A. 不工作   B. 10s   C. 100s   D. 持续工作
7）三元催化器发生堵塞，发动机进气歧管真空度会（   ）。
   A. 上升   B. 降低   C. 不变   D. 都有可能
8）三元催化器的催化效率在（   ）温度时最好。
   A. 350~850℃   B. 大于 350℃ C. 小于 850℃ D. 大于 850℃
9）发动机混合气过浓会导致尾气中（   ）。
   A. CO 和 HC 排放都增加   B. CO 排放增加、HC 排放减少
   C. CO 和 HC 排放都减小   D. 都有可能
10）过量空气系数为 0.95~1.05 时，可以看成是理想的混合气，大于该值说明（   ）。
   A. 混合气过浓   B. 混合气过稀
   C. 正常   D. 以上都不对

二、自我评价

1）通过本任务的学习，对照本任务的学习目标，你认为你是否已经掌握学习目标的内容？

知识目标：（　　）

A．掌握　　　　　　　B．部分掌握　　　　　C．未掌握

说明：_____

技能目标：（　　）

A．掌握　　　　　　　B．部分掌握　　　　　C．未掌握

说明：_____

2）你是否积极学习，不会的内容积极向别人请教，会的内容积极帮助他人学习？（　　）

A．积极学习　　　　　　　　　　B．积极请教

C．积极帮助他人　　　　　　　　D．三者均不积极

3）工具设备和零件有没有落地现象发生，有无保持作业现场的清洁？（　　）

A．无落地且场地清洁　　　　　　B．有颗粒落地

C．保持作业环境清洁　　　　　　D．未保持作业现场的清洁

4）实施过程中是否注意操作质量和有无责任心？（　　）

A．注意质量，有责任心　　　　　B．不注意质量，有责任心

C．注意质量，无责任心　　　　　D．全无

5）在操作过程中是否注意清除隐患，在有安全隐患时是否提示其他同学？（　　）

A．注意，提示　　　　　　　　　B．不注意，未提示

学生签名：_____

____年____月____日

三、教师评价及反馈

参照成果展示的得分，学生本次任务成绩

请在□上打✓：□不合格　□合格　□良好　□优秀

说明：_____

_____

教师签名：_____

____年____月____日

项目二 电控柴油机燃油供给系统结构原理与检修

任务工单一 电控柴油机燃油供给系统结构认知

学生姓名		班　　级		学　　号	
实训场地		学　　时		日　　期	

技能操作

一、工作任务

本工作任务共有 2 项：

项目 1：传统柴油机燃油供给系统的组成部件识别

项目 2：电控柴油机高压共轨燃油喷射系统的组成部件识别

请根据任务要求，确定所需要的场地和物品，并对小组成员进行合理的分工，制订详细的工作计划。

二、准备工作

落实安全要求，检查及记录完成任务需要的场地、设备、工具及材料。

1. 安全要求及注意事项

请认真阅读以下内容：

1）实训车辆停在指定工位上，未经过老师批准不准起动，经老师批准起动，应先检查车轮的安全顶块是否放好，驻车制动是否拉好，变速杆是否放在 P 位（A/T）或空档（M/T），车前车后有没有人在操作。

2）发动机运行时不能把手伸入，防止造成意外事故。

3）没有经过老师批准不允许随意连接或拔下电控元器件。

4）点火开关接通时，不允许连接或拔下电控系统元器件的插接器。

5）蓄电池的极性不能接反，否则将烧毁 ECU 与电子元器件。

6）禁止使用起动电源辅助起动发动机，防止损坏电控系统部件。

7）禁止触碰任何带安全警示标志的部件。

8）实训期间严禁嬉戏打闹。

2. 场地检查

检查工作场地是否清洁及是否存在安全隐患，如不正常，请汇报老师并及时处理。

3. 车辆、台架、总成、部件检查（需要 / 正常打√；不需要 / 不正常打 ×）

□整车（一汽 – 大众迈腾整车 / 丰田卡罗拉，或其他同类车辆）

□台架（传统柴油机、共轨柴油发动机）

□总成（直列柱塞式喷油泵 A 型泵、VE 型分配式喷油泵、活塞式输油泵、涡轮增压器各一件）
□部件（柴油机的轴针式喷油器、孔式喷油器及其他传感器、执行器）

4. 设备及工具检查（需要 / 正常打√；不需要 / 不正常打 ×）

个人防护装备：□常规实训工装　□手套　□劳保鞋　□其他装备
车辆防护装备：□翼子板布　□前格栅布　□地板垫　□座椅套　□转向盘套　□灭火器
设备及拆装工具：□举升机　□发动机吊机　□变速器托架　□抽排气系统　□拆装工具
　　　　　　　　□燃油压力表　□故障诊断仪　□示波器　□数字万用表
　　　　　　　　□红外测温仪　□LED 试灯　□其他设备工具

5. 其他材料检查（需要 / 正常打√；不需要 / 不正常打 ×）

材料：□抹布　□绝缘胶布　□发动机机油　□齿轮油　□冷却液　□其他材料
检查异常记录：_____

三、操作流程

根据制订的计划实施，完成以下任务并记录。
参考设备：传统车型柴油发动机台架
实训设备：_____

项目 1：传统柴油机燃油供给系统的组成部件识别

1）在下表中填写传统柴油机的组成部件安装位置和作用。

零部件名称	安装位置	作用
高压油泵		
输油泵		
喷油器		
增压器		

2）认识并写出传统柴油机燃油供给系统油路路径。
　　燃油箱中的燃油→

项目 2：电控柴油机高压共轨燃油喷射系统的组成部件识别

1）在下表中填写电控柴油机的组成部件安装位置和作用。

零部件名称	安装位置	作用
柴油滤清器		
高压油泵		
高压油轨		
喷油器		
增压器		

2）认识并写出电控柴油机共轨燃油供给系统油路路径。

燃油箱中的燃油→

任务评价

一、自我评估

1. 判断题

1）柴油机每个工作循环各气缸均喷油一次，喷油次序与气缸工作顺序一致。（　　）
2）目前大部分电控柴油机采用高压共轨燃油喷射系统。（　　）
3）电控柴油机的输油泵输出的燃油是高压燃油。（　　）
4）燃油泵执行器通过接收油轨压力传感器信号控制高压燃油泵的进油量。（　　）
5）电控柴油机的喷油量、喷油时间和喷油规律只取决于柴油机的转速和负荷。（　　）

2. 单项选择题

1）下列不属于电控柴油发动机控制系统执行器的是（　　）。
　　A. 故障指示灯　　　　　　　　B. 轨压控制电磁阀
　　C. 喷油器电磁阀　　　　　　　D. ECU

2）以下不是安装于高压油轨上部件的是（　　）。
　　A. 限压阀　　　　　　　　　　B. 流量限制器
　　C. 输油泵　　　　　　　　　　D. 油轨压力传感器

3）博世公司的 VP 泵采用（　　）径向布置的柱塞泵油元件。
　　A. 1个　　　　B. 2个　　　　C. 3个　　　　D. 4个

4）康明斯生产的 ISD. 柴油机，当油轨内压力超过（　　）时，限压阀会打开。
　　A. 165MPa　　B. 180MPa　　C. 200MPa　　D. 1 000MPa

5）电控柴油发动机的油轨压力传感器通常属于（　　）式传感器。
　　A. 压电晶体　　B. 磁电　　　C. 霍尔　　　D. 光电

二、自我评价

1）通过本任务的学习，对照本任务的学习目标，你认为你是否已经掌握学习目标的内容？
　　知识目标：（　　）
　　A. 掌握　　　　B. 部分掌握　　　C. 未掌握
　　说明：_____
　　技能目标：（　　）
　　A. 掌握　　　　B. 部分掌握　　　C. 未掌握
　　说明：_____

2）你是否积极学习，不会的内容积极向别人请教，会的内容积极帮助他人学习？（　　）
　　A. 积极学习　　　　　　　　　B. 积极请教
　　C. 积极帮助他人　　　　　　　D. 三者均不积极

3）工具设备和零件有没有落地现象发生，有无保持作业现场的清洁？（　　）
　　A. 无落地且场地清洁　　　　　B. 有颗粒落地
　　C. 保持作业环境清洁　　　　　D. 未保持作业现场的清洁

4)实施过程中是否注意操作质量和有无责任心?(　　　)

  A. 注意质量,有责任心   B. 不注意质量,有责任心

  C. 注意质量,无责任心   D. 全无

5)在操作过程中是否注意清除隐患,在有安全隐患时是否提示其他同学?(　　　)

  A. 注意,提示   B. 不注意,未提示

学生签名:_____
____年____月____日

三、教师评价及反馈

参照成果展示的得分,学生本次任务成绩

请在□上打✓:□不合格　□合格　□良好　□优秀

说明:_____

教师签名:_____
____年____月____日

任务工单二　电控柴油机燃油供给系统检修

学生姓名		班　　级		学　　号	
实训场地		学　　时		日　　期	

➡ 技能操作

一、工作任务

本工作任务共有4项：

项目1：电控柴油机高压共轨燃油喷射系统的压力测量
项目2：电控柴油机电控系统的故障码和数据流读取
项目3：电控柴油机电控系统的 ECU 电源电路及 ECU 检测
项目4：电控柴油机电控系统的喷油器控制电路检测

请根据任务要求，确定所需要的场地和物品，并对小组成员进行合理的分工，制订详细的工作计划。

二、准备工作

落实安全要求，检查及记录完成任务需要的场地、设备、工具及材料。

1. 安全要求及注意事项

请认真阅读以下内容。

1）实训车辆停在指定工位上，未经过老师批准不准起动，经老师批准起动，应先检查车轮的安全顶块是否放好，驻车制动是否拉好，变速杆是否放在 P 位（A/T）或空档（M/T），车前车后有没有人在操作。
2）发动机运行时不能把手伸入，防止造成意外事故。
3）没有经过老师批准不允许随意连接或拔下电控元器件。
4）点火开关接通时，不允许连接或拔下电控系统元器件的插接器。
5）蓄电池的极性不能接反，否则将烧毁 ECU 与电子元器件。
6）禁止使用起动电源辅助起动发动机，防止损坏电控系统部件。
7）禁止触碰任何带安全警示标志的部件。
8）实训期间严禁嬉戏打闹。

2. 场地检查

检查工作场地是否清洁及是否存在安全隐患，如不正常，请汇报老师并及时处理。

3. 车辆、台架、总成、部件检查（需要/正常打√；不需要/不正常打 ×）

☐整车（一汽-大众迈腾整车/丰田卡罗拉，或其他同类车辆）
☐台架（传统柴油机、共轨柴油发动机）
☐总成（直列柱塞式喷油泵 A 型泵、VE 型分配式喷油泵、活塞式输油泵、涡轮增压器各一件）
☐部件（柴油机的轴针式喷油器、孔式喷油器及其他传感器、执行器）

4. 设备及工具检查（需要/正常打√；不需要/不正常打×）

个人防护装备：□常规实训工装　□手套　□劳保鞋　□其他装备
车辆防护装备：□翼子板布　□前格栅布　□地板垫　□座椅套　□转向盘套　□灭火器
设备及拆装工具：□举升机　□发动机吊机　□变速器托架　□抽排气系统　□拆装工具
　　　　　　　　□燃油压力表　□故障诊断仪　□示波器　□数字万用表
　　　　　　　　□红外测温仪　□LED试灯　□其他设备工具

5. 其他材料检查（需要/正常打√；不需要/不正常打×）

材料：□抹布　□绝缘胶布　□发动机机油　□齿轮油　□冷却液　□其他材料
检查异常记录：_____
_____

三、操作流程

根据制订的计划实施，完成以下任务并记录。
参考设备：长城哈弗电控共轨柴油发动机台架
实训设备：_____

项目1：电控柴油机高压共轨燃油喷射系统的压力测量

（1）检测燃油管路中有无空气
　　　管路中是否有空气：_____；如果有空气，是否排放干净：_____
　　　异常记录：_____

（2）测量燃油进口阻力
　　　测量值：_____；
　　　结论：_____

（3）测量齿轮泵输出压力
　　　测量值（能起动时）：_____；
　　　结论：_____
　　　测量值（不能起动时）：_____；
　　　结论：_____

（4）测量燃油滤清器阻力
　　　测量值：_____；
　　　结论：_____

（5）测量燃油泵回油管阻力
　　　测量值：_____；
　　　结论：_____

（6）测量燃油减压阀回流流量
　　　测量值（能起动时）：_____；
　　　结论：_____
　　　测量值（不能起动时）：_____；
　　　结论：_____

（7）测量高压燃油泵流量
　　　测量值：_____；
　　　结论：_____

项目 2：电控柴油机电控系统的故障码和数据流读取
（1）基本检查
　　检查结果及处理记录：＿＿＿＿＿＿＿＿＿＿＿＿＿＿＿＿＿＿＿＿＿＿＿＿＿＿＿
（2）故障码读取
　　故障码内容记录：＿＿＿＿＿＿＿＿＿＿＿＿＿＿＿＿＿＿＿＿＿＿＿＿＿＿＿＿
　　可能原因及处理记录：＿＿＿＿＿＿＿＿＿＿＿＿＿＿＿＿＿＿＿＿＿＿＿＿＿＿
（3）油轨压力数据流读取
　　连接诊断仪器，检测油压数据，并填表写出各工况下的共轨油压数据流的数值。

发动机工况	油轨压力	油轨压力设定值	实际油轨压力最大值	油轨压力传感器输出电压	备注
发动机起动时					
怠速					
2000r/min					
3000r/min					
结论					

项目 3：电控柴油机电控系统的 ECU 电源电路及 ECU 检测
（1）ECU 供电检测
　　常电源供电是否正常：＿＿＿＿＿＿＿＿＿＿＿＿＿＿＿＿＿＿＿＿＿＿＿＿＿＿
　　点火供电是否正常：＿＿＿＿＿＿＿＿＿＿＿＿＿＿＿＿＿＿＿＿＿＿＿＿＿＿＿
　　异常原因及处理记录：＿＿＿＿＿＿＿＿＿＿＿＿＿＿＿＿＿＿＿＿＿＿＿＿＿＿
（2）ECU 电源搭铁线路电阻检测
　　电源搭铁线路电阻是否正常：＿＿＿＿＿＿＿＿＿＿＿＿＿＿＿＿＿＿＿＿＿＿＿
　　异常原因及处理记录：＿＿＿＿＿＿＿＿＿＿＿＿＿＿＿＿＿＿＿＿＿＿＿＿＿＿
（3）ECU 电源线路电压检测
　　电源线路电压是否正常：＿＿＿＿＿＿＿＿＿＿＿＿＿＿＿＿＿＿＿＿＿＿＿＿＿
　　异常原因及处理记录：＿＿＿＿＿＿＿＿＿＿＿＿＿＿＿＿＿＿＿＿＿＿＿＿＿＿
（4）ECU 检测
　　ECU 本体是否正常：＿＿＿＿＿＿＿＿＿＿＿＿＿＿＿＿＿＿＿＿＿＿＿＿＿＿＿
　　异常原因及处理记录：＿＿＿＿＿＿＿＿＿＿＿＿＿＿＿＿＿＿＿＿＿＿＿＿＿＿

项目 4：电控柴油机电控系统的喷油器控制电路检测
（1）喷油器电阻值检测
　　喷油器电阻是否正常：＿＿＿＿＿＿＿＿＿＿＿＿＿＿＿＿＿＿＿＿＿＿＿＿＿＿
　　异常原因及处理记录：＿＿＿＿＿＿＿＿＿＿＿＿＿＿＿＿＿＿＿＿＿＿＿＿＿＿
（2）插接器端子针脚检查
　　插接器端子针脚是否正常：＿＿＿＿＿＿＿＿＿＿＿＿＿＿＿＿＿＿＿＿＿＿＿＿
　　异常原因及处理记录：＿＿＿＿＿＿＿＿＿＿＿＿＿＿＿＿＿＿＿＿＿＿＿＿＿＿
（3）发动机线束是否对搭铁短路检测
　　发动机线束是否对搭铁短路：＿＿＿＿＿＿＿＿＿＿＿＿＿＿＿＿＿＿＿＿＿＿＿
　　异常原因及处理记录：＿＿＿＿＿＿＿＿＿＿＿＿＿＿＿＿＿＿＿＿＿＿＿＿＿＿
（4）喷油器电磁阀是否对搭铁短路检测
　　喷油器电磁阀是否对搭铁短路：＿＿＿＿＿＿＿＿＿＿＿＿＿＿＿＿＿＿＿＿＿＿

异常原因及处理记录：_____
(5) 喷油器电路导通性检测
　　喷油器电路是否导通：_____
　　异常原因及处理记录：_____
(6) 喷油器脉冲控制信号检测
　　喷油器脉冲控制信号是否正常：_____
　　异常原因及处理记录：_____

任务评价

一、自我评估

1. 判断题

1）检修燃油供给系统部件前，应清洁管路接头、固定件和需要拆卸部件的周边区域。（　　）
2）实际维修中可以松开高压油管接头，用断缸试验法来判断某一缸工作好坏。（　　）
3）如果实测的油轨压力不能与控制油轨压力一致，那么燃油供给系统一定有故障。（　　）
4）对同一平台的柴油发动机，ECU 一定相同。（　　）
5）电控柴油机高压油路应使用燃油压力表测量压力。（　　）

2. 单项选择题

1）确认燃油供给系统故障点在低压油路还是高压油路，应首先测量（　　）。
　　A. 齿轮泵输出压力　　　　B. 高压燃油泵进口阻力
　　C. 燃油油轨回油量　　　　D. 高压燃油泵流量
2）对于电控柴油机高压共轨燃油喷射系统，电压在（　　）范围内属于正常电压。
　　A. 0~5V　　B. 0.5~4.5V　　C. 0.25~4.75V　　D. 5~12V
3）用故障诊断仪器读取发动机系统数据流，涉及油轨压力的数据流共有（　　）。
　　A. 1个　　B. 2个　　C. 3个　　D. 4个
4）当发动机冷却液温度达到 80℃、怠速运转时，"油轨压力传感器输出电压"应为（　　）左右。
　　A. 1V　　B. 5V　　C. 12V　　D. 不一定
5）根据电控柴油机喷油器电磁阀与 ECU 连接电路，可以判断喷射方式为（　　）。
　　A. 同时喷射　　B. 分组喷射　　C. 顺序喷射（　　）　　D. 以上都不是

二、自我评价

1）通过本任务的学习，对照本任务的学习目标，你认为你是否已经掌握学习目标的内容?
　　知识目标：（　　）
　　A. 掌握　　　　　B. 部分掌握　　　C. 未掌握
　　说明：_____
　　技能目标：（　　）
　　A. 掌握　　　　　B. 部分掌握　　　C. 未掌握
　　说明：_____
2）你是否积极学习，不会的内容积极向别人请教，会的内容积极帮助他人学习?（　　）
　　A. 积极学习　　　　　　　B. 积极请教
　　C. 积极帮助他人　　　　　D. 三者均不积极

3）工具设备和零件有没有落地现象发生,有无保持作业现场的清洁?(　　)
　　A．无落地且场地清洁　　　　　B．有颗粒落地
　　C．保持作业环境清洁　　　　　D．未保持作业现场的清洁
4）实施过程中是否注意操作质量和有无责任心?(　　)
　　A．注意质量,有责任心　　　　B．不注意质量,有责任心
　　C．注意质量,无责任心　　　　D．全无
5) 在操作过程中是否注意清除隐患,在有安全隐患时是否提示其他同学?(　　)
　　A．注意,提示　　　　　　　　B．不注意,未提示

学生签名:＿＿＿＿＿
＿＿＿年＿＿＿月＿＿＿日

三、教师评价及反馈

参照成果展示的得分,学生本次任务成绩
请在□上打✓:□不合格　□合格　□良好　□优秀
说明:＿＿＿＿＿＿＿＿＿＿＿＿＿＿＿＿＿＿＿＿＿＿＿＿＿＿＿＿＿＿＿＿＿＿＿＿＿

教师签名:＿＿＿＿＿
＿＿＿年＿＿＿月＿＿＿日

项目三　电控发动机传感器结构原理与检修

任务工单一　空气流量传感器结构原理与检修

学生姓名		班　级		学　号	
实训场地		学　时		日　期	

➡ 技能操作

一、工作任务

本工作任务共有 2 项：

项目 1：空气流量传感器检测
项目 2：空气流量传感器更换

请根据任务要求，确定所需要的场地和物品，并对小组成员进行合理分工，制订详细的工作计划。

二、准备工作

落实安全要求，检查及记录完成任务需要的场地、设备、工具及材料。

1. 安全要求及注意事项

请认真阅读以下内容：
1) 实训车辆停在指定工位上，未经过老师批准不准起动。经老师批准起动，应先检查车轮的安全顶块是否放好、驻车制动是否拉好、变速杆是否放在 P 位（A/T）或空档（M/T）、车前车后有没有人在操作。
2) 发动机运行时不能把手伸入，防止造成意外事故。
3) 没有经过老师批准，不允许随意连接或拔下电控元器件。
4) 点火开关接通时，不允许连接或拔下电控系统元器件的插接器。
5) 蓄电池的极性不能接反，否则将烧毁 ECU 与电子元器件。
6) 禁止使用起动电源辅助起动发动机，防止损坏电控系统部件。
7) 禁止触碰任何带安全警示标志的部件。
8) 实训期间严禁嬉戏打闹。

2. 场地检查

检查工作场地是否清洁及是否存在安全隐患，如不正常，请汇报老师并及时处理。

3. 车辆、台架、总成、部件检查（需要 / 正常打√；不需要 / 不正常打 ×）

□整车（一汽 – 大众迈腾整车 / 丰田卡罗拉，或其他同类车辆）
□台架（装备空气流量传感器的电控发动机）

□总成（发动机电控系统总成）　□部件（电控发动机的传感器、执行器）

4. 设备及工具检查（需要/正常打√；不需要/不正常打×）

个人防护装备：□常规实训工装　□手套　□劳保鞋　□其他装备
车辆防护装备：□翼子板布　□前格栅布　□地板垫　□座椅套　□转向盘套　□灭火器
设备及拆装工具：□举升机　□发动机吊机　□变速器托架　□抽排气系统　□拆装工具
　　　　　　　　□燃油压力表　□故障诊断仪　□示波器　□数字万用表
　　　　　　　　□红外测温仪　□LED试灯　□其他设备工具

5. 其他材料检查（需要/正常打√；不需要/不正常打×）

材料：□抹布　□绝缘胶布　□发动机机油　□齿轮油　□冷却液　□其他材料
检查异常记录：＿＿＿＿＿＿＿＿＿＿＿＿＿＿＿＿＿＿＿＿＿

三、操作流程

根据制订的计划实施，完成以下任务并记录。

项目1：空气流量传感器检测

实训车型：＿＿＿＿＿＿＿＿＿＿＿＿＿＿＿＿＿

提示：教师根据需要提前设置故障。

1）依据维修手册或教师指定的范围寻找实训车上的空气流量传感器，你检测车型的空气流量传感器的安装位置为＿＿＿＿＿＿＿＿＿＿＿＿＿＿＿＿＿＿＿＿＿＿＿＿＿。

2）本次实训中检测的空气流量传感器的结构类型为＿＿＿＿＿＿＿＿＿＿＿＿＿＿＿＿＿＿。

3）根据电路图，结合实训车辆，再次确认空气流量传感器插接器各端子的作用，以及导线的颜色，记录在下表。

接线端子	作　　用	导线颜色
1		
2		
3		
4		
5		

4）空气流量传感器的检测。

① 供电电压的检测。

检测端子	点火开关转到ON位，电表直流电压档	
	标　准　值	实　际　值
电源端子+B与搭铁	11~14V	
结论		

② 搭铁的检测。

检测端子	点火开关转到OFF位，电表电阻档	
	标　准　值	实　际　值
搭铁端子E2G与车身搭铁	<1Ω	
结论		

③信号电压的测量。测量传感器插接器信号端子 VG 与搭铁（或 E2G 端子）之间的信号电压值。

发动机状态	数据	
	标准值	实际值
点火开关置于 ON		
怠速运转		
加速到 2500r/min		
结论		

④传感器数据流的检测。将诊断仪连接到车辆诊断座上，起动发动机，按照检测仪上的操作指示，进入发动机系统，读取空气流量传感器的数据。

发动机状态	怠速	慢加速	急加速
标准值	2~5g/s	14g/s	40g/s
实际值			
结论			

5）故障排除。

根据以上检测的结论，如果不正确，则查找故障原因，并排除故障（应清除故障码）。

故障原因及排除记录：＿＿＿＿＿＿＿＿＿＿＿＿＿＿＿＿＿＿＿＿＿＿＿＿＿＿

项目 2：空气流量传感器更换

根据"基本技能"或维修手册的步骤更换空气流量传感器。

拆装记录：＿＿＿＿＿＿＿＿＿＿＿＿＿＿＿＿＿＿＿＿＿＿＿＿＿＿＿＿＿＿

任务评价

一、自我评估

1. 判断题

1）翼板式和卡门涡流式属于质量流量型传感器。　　　　　　　　　　（　　）
2）空气流量传感器信号是 ECU 决定喷油量和点火正时的基本信号之一。（　　）
3）空气流量传感器信号错误不一定是空气流量传感器本身的故障。　　（　　）
4）空气流量传感器输出的信号都是数字信号。　　　　　　　　　　　（　　）
5）丰田汽车发动机采用的空气流量传感器与进气温度传感器集成于一体。（　　）

2. 单项选择题

1）热式空气流量传感器的加热电源是（　　）。
　　A．5V　　　　　　　B．8V　　　　　　　C．12V　　　　　　　D．20V
2）别克空气流量传感器 3 个端子分别是（　　）。
　　A．12V 电源、搭铁、流量计信号　　　　B．12V 电源、进气温度信号、流量计信号
　　C．流量计信号、进气温度信号、搭铁　　D．5V 电源、流量计信号、搭铁
3）通用别克车型发动机的空气流量传感器输出的信号是（　　）。
　　A．直流信号　　　B．交流信号　　　C．模拟信号　　　D．数字频率信号

4）丰田汽车空气流量传感器的信号输出，在发动机怠速时约为（　　　）。
　　A．0V　　　　　B．1.0~1.5V　　　C．5.0V　　　　　D．12V
5）热线式空气流量传感器有故障，可能造成发动机哪些故障？（　　　）
　　A．加速不良　　B．油耗增加　　　C．排放异常　　　D．以上都是

二、自我评价

1）通过本任务的学习，对照本任务的学习目标，你认为你是否已经掌握学习目标的内容？
　　知识目标：（　　　）
　　A．掌握　　　　　B．部分掌握　　　C．未掌握
　　说明：_____
　　技能目标：（　　　）
　　A．掌握　　　　　B．部分掌握　　　C．未掌握
　　说明：_____
2）你是否积极学习，不会的内容积极向别人请教，会的内容积极帮助他人学习？（　　　）
　　A．积极学习　　　　　　　　　　B．积极请教
　　C．积极帮助他人　　　　　　　　D．三者均不积极
3）工具设备和零件有没有落地现象发生？有无保持作业现场的清洁？（　　　）
　　A．无落地且场地清洁　　　　　　B．有颗粒落地
　　C．保持作业环境清洁　　　　　　D．未保持作业现场的清洁
4）实施过程中是否注意操作质量和有无责任心？（　　　）
　　A．注意质量，有责任心　　　　　B．不注意质量，有责任心
　　C．注意质量，无责任心　　　　　D．全无
5）在操作过程中是否注意清除隐患？在有安全隐患时是否提示其他同学？（　　　）
　　A．注意，提示　　　　　　　　　B．不注意，未提示

学生签名：_____
____年____月____日

三、教师评价及反馈

参照成果展示的得分，学生本次任务成绩
请在□上打✓：□不合格　□合格　□良好　□优秀
说明：_____

教师签名：_____
____年____月____日

任务工单二　进气歧管绝对压力传感器结构原理与检修

学生姓名		班　　级		学　　号	
实训场地		学　　时		日　　期	

▶ 技能操作

一、工作任务

本工作任务共有 2 项：

项目 1：进气歧管绝对压力传感器检测
项目 2：进气歧管绝对压力传感器更换

请根据任务要求，确定所需要的场地和物品，并对小组成员进行合理的分工，制订详细的工作计划。

二、准备工作

落实安全要求，检查及记录完成任务需要的场地、设备、工具及材料。

1. 安全要求及注意事项

请认真阅读以下内容。

1）实训车辆停在指定工位上，未经过老师批准不准起动，经老师批准起动，应先检查车轮的安全顶块是否放好，驻车制动是否拉好，变速杆是否放在 P 位（A/T）或空档（M/T），车前车后有没有人在操作。
2）发动机运行时不能把手伸入，防止造成意外事故。
3）没有经过老师批准不允许随意连接或拔下电控元器件。
4）点火开关接通时，不允许连接或拔下电控系统元器件的插接器。
5）蓄电池的极性不能接反，否则将烧毁 ECU 与电子元器件。
6）禁止使用起动电源辅助起动发动机，防止损坏电控系统部件。
7）禁止触碰任何带安全警示标志的部件。
8）实训期间严禁嬉戏打闹。

2. 场地检查

检查工作场地是否清洁及是否存在安全隐患，如不正常，请汇报老师并及时处理。

3. 车辆、台架、总成、部件检查（需要 / 正常打√；不需要 / 不正常打 ×）

□整车（一汽 - 大众迈腾整车 / 丰田卡罗拉，或其他同类车辆）
□台架（装备进气歧管绝对压力传感器的电控发动机）
□总成（发动机电控系统总成）　□部件（电控发动机的传感器、执行器）

4. 设备及工具检查（需要 / 正常打√；不需要 / 不正常打 ×）

个人防护装备：□常规实训工装　□手套　□劳保鞋　□其他装备
车辆防护装备：□翼子板布　□前格栅布　□地板垫　□座椅套　□转向盘套　□灭火器

设备及拆装工具：□举升机　□发动机吊机　□变速器托架　□抽排气系统　□拆装工具　□燃油压力表　□故障诊断仪　□示波器　□数字万用表　□红外测温仪　□LED试灯　□其他设备工具

5.其他材料检查（需要/正常打√；不需要/不正常打×）

材料：□抹布　□绝缘胶布　□发动机机油　□齿轮油　□冷却液　□其他材料
检查异常记录：_____

三、操作流程

根据制订的计划实施，完成以下任务并记录。

项目1：进气歧管绝对压力传感器检测

实训车型：_____

提示：教师根据需要提前设置故障。

1）寻找实训车上的进气歧管绝对压力传感器，你所用实训车辆的进气歧管绝对压力传感器位置为_____。

2）本次实训中检测的进气歧管绝对压力传感器的结构类型为_____。

3）根据电路图，结合实训车辆，再次确认进气歧管绝对压力传感器插接器各端子的作用，以及导线的颜色，记录在下表。

接线端子	作用	导线颜色
1		
2		
3		
4		

4）进气歧管绝对压力传感器的检测。

①参考电压的检测。

检测端子	点火开关转到ON位，电表直流电压档	
	标准值	实际值
参考电压端子与搭铁	5V	
结论		

②信号电压的测量。测量传感器插接器信号端子与搭铁之间的信号电压值。

发动机状态	数据	
	标准值	实际值
点火开关置于ON		
急速运转		
慢加速		
急加速		
急减速		
结论		

③传感器数据流的检测。将诊断仪连接到车辆诊断座上，起动发动机，按照检测仪上的操作指示，进入发动机系统，读取进气歧管绝对压力传感器的数据。

发动机状态	数据	
	标 准 值	实 际 值
点火开关置于 ON		
怠速运转		
慢加速		
急加速		
急减速		
结论		

④传感器波形的检测。将示波器测试针连接到传感器信号导线上，起动发动机，按照示波器的操作指示，读取信号波形。捕捉在发动机怠速、慢加速、急加速、急减速几个工况的波形，锁定屏幕后，将波形画下来。

工 况	波 形	备 注
怠速		
慢加速		
急加速		
急减速		

5）故障排除。根据以上检测的结论，如果不正确，则查找故障原因，并排除故障（应清除故障码）。

故障原因及排除记录：_____

项目2：进气歧管绝对压力传感器更换
根据"基本技能"或维修手册的步骤更换进气歧管绝对压力传感器。
拆装记录：_____

任务评价

一、自我评估

1. 判断题
1）进气歧管绝对压力传感器安装在节气门前方靠近空气滤清器的位置。（   ）
2）进气歧管绝对压力传感器的参考电压为12V。（   ）
3）进气歧管绝对压力传感器输出的信号都是频率信号。（   ）
4）进气歧管绝对压力传感器的信号错误不一定是传感器故障。（   ）
5）进气歧管绝对压力传感器的信号也可以用于判断大气压力。（   ）

2. 单项选择题
1）进气歧管绝对压力传感器的真空管漏气，检测到的信号会（   ）。
　　A．变小　　　　B．变大　　　　C．不变　　　　D．不一定
2）在急减速的瞬间，进气压力信号会（   ）。
　　A．变小　　　　B．变大　　　　C．不变　　　　D．不一定
3）下列传感器可能与进气歧管绝对压力传感器集成一体的是（   ）。
　　A．爆燃传感器　　　　　　　　B．空气流量传感器
　　C．冷却液温度传感器　　　　　D．进气温度传感器
4）急速时，测得的进气歧管绝对压力传感器端子信号电压最有可能的是（   ）。
　　A．0V　　　　　B．1.25V　　　C．4.5V　　　　D．12V
5）进气歧管绝对压力传感器故障，会造成的故障是（   ）。
　　A．发动机故障指示灯报警　　　B．急速偏高
　　C．加速不良　　　　　　　　　D．以上都是

二、自我评价

1）通过本任务的学习，对照本任务的学习目标，你认为你是否已经掌握学习目标的内容？
　　知识目标：（   ）
　　A．掌握　　　　B．部分掌握　　　C．未掌握
　　说明：_____
　　技能目标：（   ）
　　A．掌握　　　　B．部分掌握　　　C．未掌握
　　说明：_____
2）你是否积极学习，不会的内容积极向别人请教，会的内容积极帮助他人学习？（   ）
　　A．积极学习　　　　　　　　　B．积极请教
　　C．积极帮助他人　　　　　　　D．三者均不积极
3）工具设备和零件有没有落地现象发生？有无保持作业现场的清洁？（   ）
　　A．无落地且场地清洁　　　　　B．有颗粒落地
　　C．保持作业环境清洁　　　　　D．未保持作业现场的清洁

4)实施过程中是否注意操作质量和有无责任心？（　　　）

  A．注意质量，有责任心　　　　　B．不注意质量，有责任心

  C．注意质量，无责任心　　　　　D．全无

5)在操作过程中是否注意清除隐患？在有安全隐患时是否提示其他同学？（　　　）

  A．注意，提示　　　　　　　　　B．不注意，未提示

学生签名：_____
____年____月____日

三、教师评价及反馈

参照成果展示的得分，学生本次任务成绩

请在□上打✓：□不合格　□合格　□良好　□优秀

说明：_____

教师签名：_____
____年____月____日

任务工单三 节气门/加速踏板位置传感器结构原理与检修

学生姓名		班　　级		学　　号	
实训场地		学　　时		日　　期	

➡ 技能操作

一、工作任务

本工作任务共有 2 项：

项目 1：节气门位置传感器检测
项目 2：加速踏板位置传感器检测

请根据任务要求，确定所需要的场地和物品，并对小组成员进行合理的分工，制订详细的工作计划。

二、准备工作

落实安全要求，检查及记录完成任务需要的场地、设备、工具及材料。

1. 安全要求及注意事项

请认真阅读以下内容：

1）实训车辆停在指定工位上，未经过老师批准不准起动，经老师批准起动，应先检查车轮的安全顶块是否放好，驻车制动是否拉好，变速杆是否放在 P 位（A/T）或空档（M/T），车前车后有没有人在操作。
2）发动机运行时不能把手伸入，防止造成意外事故。
3）没有经过老师批准不允许随意连接或拔下电控元器件。
4）点火开关接通时，不允许连接或拔下电控系统元器件的插接器。
5）蓄电池的极性不能接反，否则将烧毁 ECU 与电子元器件。
6）禁止使用起动电源辅助起动发动机，防止损坏电控系统部件。
7）禁止触碰任何带安全警示标志的部件。
8）实训期间严禁嬉戏打闹。

2. 场地检查

检查工作场地是否清洁及是否存在安全隐患，如不正常，请汇报老师并及时处理。

3. 车辆、台架、总成、部件检查（需要/正常打√；不需要/不正常打 ×）

☐ 整车（一汽 – 大众迈腾整车/丰田卡罗拉，或其他同类车辆）
☐ 台架（装备电子节气门的电控发动机）
☐ 总成（发动机电控系统总成）
☐ 部件（电控发动机的传感器、执行器）

4. 设备及工具检查（需要/正常打√；不需要/不正常打 ×）

个人防护装备：□常规实训工装　□手套　□劳保鞋　□其他装备
车辆防护装备：□翼子板布　□前格栅布　□地板垫　□座椅套　□转向盘套　□灭火器
设备及拆装工具：□举升机　□发动机吊机　□变速器托架　□抽排气系统　□拆装工具
　　　　　　　　□燃油压力表　□故障诊断仪　□示波器　□数字万用表
　　　　　　　　□红外测温仪　□LED 试灯　□其他设备工具

5. 其他材料检查（需要/正常打√；不需要/不正常打 ×）

材料：□抹布　□绝缘胶布　□发动机机油　□齿轮油　□冷却液　□其他材料
检查异常记录：_____

三、操作流程

根据制订的计划实施，完成以下任务并记录。

项目 1：节气门位置传感器检测

实训车型：_____
提示：教师根据需要提前设置故障。

1）依据维修手册或教师指定的范围寻找实训车上的节气门位置传感器，你所用实训车辆的传感器安装位置在_____。
2）本次实训中检测的节气门位置传感器的结构类型为_____。
3）根据电路图，结合实训车辆，再次确认节气门位置传感器插接器各端子的作用，以及导线的颜色，记录在下表。

节气门位置传感器（传统节气门）接线端子表

接线端子	作　用	导线颜色
1		
2		
3		
4		
5		
6		

节气门位置传感器（电子节气门）接线端子表

接线端子	作　用	导线颜色
1		
2		
3		
4		
5		
6		

4）节气门位置传感器的检测。

①供电电源的检测。

节气门位置传感器供电电压

检测端子	点火开关转到 ON 位,电表直流电压档	
	标 准 值	实 际 值
参考电源端子与搭铁	5V	
结论		

②线路导通的检测。

节气门位置传感器线路导通检测

检测端子	点火开关转到 OFF 位,电表电阻档	
	标 准 值	实 际 值
传感器各端子与控制单元	<1Ω	
结论		

③信号电压检测。

节气门位置传感器信号电压检测

检测端子	点火开关转到 ON 位或运转,电表电压档	
	急 速 时	加 速 时
信号1		
信号2		
结论		

5)传感器数据流的检测。将诊断仪连接到车辆诊断座上,起动发动机,按照检测仪上的操作指示,进入发动机系统,读取传感器的数据。

节气门位置传感器数据流

检测仪器显示数据流项目	急 速 时	加 速 时
信号1		
信号2		

6)故障排除。根据以上检测的结论,如果不正确,则查找故障原因,并排除故障(应清除故障码)。必要时,根据维修手册的拆装步骤更换节气门位置传感器(与电子节气门体一起更换)。

故障原因及排除记录:_____

项目2:加速踏板位置传感器检测

实训车型:_____

提示:教师根据需要提前设置故障。

1)寻找实训车上的加速踏板位置传感器,你所用实训车辆的传感器安装位置在_____。
2)本次实训中检测的加速踏板位置传感器的结构类型为_____。
3)根据电路图,结合实训车辆,再次确认加速踏板位置传感器插接器各端子的作用,以及导线的颜色,记录在下表。

加速踏板位置传感器接线端子表

接线端子	作 用	导线颜色
1		
2		
3		
4		
5		
6		

4）加速踏板位置传感器的检测。

①供电电源的检测。

加速踏板位置传感器供电电压

检测端子	点火开关转到 ON 位，电表直流电压档	
	标 准 值	实 际 值
参考电源 1 端子与搭铁	5V	
参考电源 2 端子与搭铁		
结论		

②线路导通的检测。

加速踏板位置传感器线路导通检测

检测端子	点火开关转到 OFF 位，电表电阻档	
	标 准 值	实 际 值
传感器各端子与控制单元	<1Ω	
结论		

③信号电压检测。

加速踏板位置传感器信号电压检测

检测端子	点火开关转到 ON 位或运转，电表电压档	
	怠 速 时	加 速 时
信号 1		
信号 2		
结论		

④传感器数据流的检测。将诊断仪连接到车辆诊断座上，起动发动机，按照检测仪上的操作指示，进入发动机系统，读取传感器的数据。

加速踏板位置传感器数据流

检测仪器显示数据流项目	怠 速 时	加 速 时
信号 1		
信号 2		

5）故障排除。根据以上检测的结论，如果不正确，则查找故障原因，并排除故障（应清除故障码）。必要时，根据维修手册的拆装步骤更换加速踏板位置传感器（与加速踏板一起更换）。

故障原因及排除记录：_____
_____

任务评价

一、自我评估

1. 判断题

1）节气门位置传感器与发动机的喷油量无关。（   ）
2）根据电路图可以得知，加速踏板位置传感器的两组信号是相对独立的。（   ）
3）加速踏板位置传感器都采用非接触型的霍尔集成电路（IC）。（   ）
4）电子节气门的节气门位置传感器两组信号完全一致。（   ）
5）无论是加速踏板位置传感器，还是节气门位置传感器，都可以通过检测数据流进行故障诊断。（   ）

2. 单项选择题

1）节气门位置传感器的供电电源是（   ）。
　　A．12V　　　　B．9V　　　　C．8V　　　　D．5V
2）加速踏板位置传感器两组信号如果有一组断路，则发动机会（   ）。
　　A．没有影响　　B．不能起动　　C．不能加速　　D．进入保护模式
3）传统的节气门位置传感器内部结构为一个（   ）。
　　A．滑动电阻　　B．热敏电阻　　C．半导体　　D．感应线圈
4）怠速时，节气门位置传感器的信号电压是（   ）左右。
　　A．0V　　　　B．0.5V　　　　C．3.5V　　　　D．5V
5）对节气门/加速踏板位置传感器的故障诊断，可以通过（   ）等方法进行。
　　A．检测信号电压　　B．检测电阻　　C．读取数据流　　D．以上都是

二、自我评价

1）通过本任务的学习，对照本任务的学习目标，你认为你是否已经掌握学习目标的内容？
　知识目标：（   ）
　　A．掌握　　　　B．部分掌握　　　　C．未掌握
　说明：_____
　技能目标：（   ）
　　A．掌握　　　　B．部分掌握　　　　C．未掌握
　说明：_____
2）你是否积极学习，不会的内容积极向别人请教，会的内容积极帮助他人学习？（   ）
　　A．积极学习　　　　　　　　B．积极请教
　　C．积极帮助他人　　　　　　D．三者均不积极
3）工具设备和零件有没有落地现象发生，有无保持作业现场的清洁？（   ）
　　A．无落地且场地清洁　　　　B．有颗粒落地
　　C．保持作业环境清洁　　　　D．未保持作业现场的清洁

4）实施过程中是否注意操作质量和有无责任心？（　　　）
  A．注意质量，有责任心   B．不注意质量，有责任心
  C．注意质量，无责任心   D．全无
5）在操作过程中是否注意清除隐患，在有安全隐患时是否提示其他同学？（　　　）
  A．注意，提示   B．不注意，未提示

学生签名：_____
____年____月____日

三、教师评价及反馈

参照成果展示的得分，学生本次任务成绩
请在□上打✓：□不合格　□合格　□良好　□优秀
说明：_____

教师签名：_____
____年____月____日

任务工单四　曲轴/凸轮轴位置传感器结构原理与检修

学生姓名		班　　级		学　　号	
实训场地		学　　时		日　　期	

➡ 技能操作

一、工作任务

本工作任务共有 2 项：

项目 1：曲轴位置传感器（磁电式）检测

项目 2：凸轮轴位置传感器（霍尔式）检测

请根据任务要求，确定所需要的场地和物品，并对小组成员进行合理的分工，制订详细的工作计划。

二、准备工作

落实安全要求，检查及记录完成任务需要的场地、设备、工具及材料。

1. 安全要求及注意事项

请认真阅读以下内容：

1）实训车辆停在指定工位上，未经过老师批准不准起动，经老师批准起动，应先检查车轮的安全顶块是否放好，驻车制动是否拉好，变速杆是否放在 P 位（A/T）或空档（M/T），车前车后有没有人在操作。
2）发动机运行时不能把手伸入，防止造成意外事故。
3）没有经过老师批准不允许随意连接或拔下电控元器件。
4）点火开关接通时，不允许连接或拔下电控系统元器件的插接器。
5）蓄电池的极性不能接反，否则将烧毁 ECU 与电子元器件。
6）禁止使用起动电源辅助起动发动机，防止损坏电控系统部件。
7）禁止触碰任何带安全警示标志的部件。
8）实训期间严禁嬉戏打闹。

2. 场地检查

检查工作场地是否清洁及是否存在安全隐患，如不正常，请汇报老师并及时处理。

3. 车辆、台架、总成、部件检查（需要/正常打√；不需要/不正常打 ×）

☐ 整车（一汽 - 大众迈腾整车/丰田卡罗拉，或其他同类车辆）
☐ 台架（装备各种类型曲轴/凸轮轴位置传感器的电控发动机）
☐ 总成（发动机电控系统总成）
☐ 部件（电控发动机的传感器、执行器）

4. 设备及工具检查（需要/正常打√；不需要/不正常打 ×）

个人防护装备：☐常规实训工装　　☐手套　　☐劳保鞋　　☐其他装备

车辆防护装备：□翼子板布　□前格栅布　□地板垫　□座椅套　□转向盘套　□灭火器
设备及拆装工具：□举升机　□发动机吊机　□变速器托架　□抽排气系统　□拆装工具
　　　　　　　　□燃油压力表　□故障诊断仪　□示波器　□数字万用表
　　　　　　　　□红外测温仪　□LED试灯　□其他设备工具

5. 其他材料检查（需要/正常打√；不需要/不正常打×）
材料：□抹布　□绝缘胶布　□发动机机油　□齿轮油　□冷却液　□其他材料
检查异常记录：_____
_____

三、操作流程

根据制订的计划实施，完成以下任务并记录。

项目1：曲轴位置传感器（磁电式）检测

实训车型：_____

提示：教师根据需要提前设置故障。

1）寻找实训车上的曲轴位置传感器，确定类型，并记录在下表。

传感器名称	安装位置	插接器导线数量	类型
曲轴位置传感器			

2）磁电式曲轴位置传感器的检测。

　①关闭点火开关。
　②断开曲轴位置传感器的插接器。
　③根据电路图，确定传感器插接器端子上各导线的作用。

传感器端子编号	传感器一侧导线颜色	导线作用	画出传感器端子形状与端子编号

　④检测磁电式曲轴位置传感器的线圈电阻值与信号电压。

项目	条件	标准值	实际值	结论
线圈电阻	点火开关置于OFF，插接器断开，万用表电阻档			
信号电压	发动机怠速运转，万用表交流电压档			
	发动机1 500r/min运转，万用表交流电压档			

　⑤利用故障检测仪器读取曲轴位置的数据流（发动机转速）。

项目	条件	仪器相关显示记录	结论
数据流	发动机怠速运转		
	发动机加、减速		

⑥检测并绘制曲轴位置传感器信号波形。

将示波器测试针连接到曲轴位置传感器信号线端子上,打开并调整示波器,起动发动机,观察并画出传感器波形变化情况。

发动机怠速运行时	发动机加速运行时
结论:	

3)故障排除。根据以上检测的结论,如果不正确,查找故障原因,并排除故障(应清除故障码)。必要时根据维修手册的拆装步骤更换传感器。

故障原因及排除记录:_____

项目2:凸轮轴位置传感器(霍尔式)检测

实训车型:_____

提示:教师根据需要提前设置故障。

(1)寻找实训车上的凸轮轴位置传感器,并填表

传感器名称	安装位置	插接器导线数量	类 型
凸轮轴位置传感器			

1)关闭点火开关。

2)断开霍尔传感器的插接器。

3)确定传感器插接器端子上各导线的作用。

传感器 端子编号	传感器侧 导线颜色	导线作用	画出传感器端子形状与端子编号

4)根据检测步骤,测量霍尔式凸轮轴位置传感器的供电电源、搭铁与信号。

项 目	条 件	标准值	实际值	结 论
供电电源	点火开关置于ON,插接器断开, 万用表直流电压档			
搭铁	点火开关置于ON,插接器断开, 万用表电阻档			
信号	发动机运转,万用表直流电压档			
	发动机运转,万用表频率档			

5）根据检测步骤，利用故障检测仪器读取凸轮轴位置传感器故障码和数据流（凸轮轴转速）。

项　　目	条　　件	仪器相关显示记录	结　　论
故障码	点火开关置于 ON，或发动机运转		
数据流	发动机怠速运转		
	发动机加、减速		

6）根据检测步骤，检测并绘制霍尔传感器信号波形。
将示波器测试针连接到霍尔传感器信号线端子上，打开并调整示波器，起动发动机，观察并画出传感器波形变化情况。

发动机怠速运行时	发动机加速运行时

结论：

（2）故障排除

根据以上检测的结论，如果不正确，则查找故障原因，并排除故障（应清除故障码）。必要时，根据维修手册的拆装步骤更换传感器。

故障原因及排除记录：_____

任务评价

一、自我评估

1. 判断题

1）如果没有曲轴位置传感器信号，则点火系统无法工作，发动机不能起动。　　（　　）
2）磁电式传感器需要控制单元提供参考电压。　　（　　）
3）磁阻式传感器输出的信号比磁电式输出的信号精确。　　（　　）
4）万用表测量磁电式曲轴位置传感器的信号电压，应选择直流电压档。　　（　　）
5）大众汽车都采用霍尔式凸轮轴位置传感器。　　（　　）

2. 单项选择题

1）丰田卡罗拉 1ZR-FE 发动机采用凸轮轴位置传感器的类型是（　　）。
　　A．磁电式　　　　B．光电式　　　　C．霍尔式　　　　D．磁阻式
2）别克君威发动机采用 24X 曲轴轴位置传感器的供电电压是（　　）。
　　A．5V　　　　　B．8V　　　　　　C．9V　　　　　　D．12V
3）霍尔式曲轴/凸轮轴位置传感器输出的信号波形是（　　）。
　　A．直流波形　　B．交流波形　　　C．方波　　　　　D．串行波形

4）（　　）曲轴位置传感器工作时不需要外部电源。
　　A．霍尔式　　　　　B．光电式　　　　　C．磁电式　　　　　D．磁阻式
5）曲轴位置传感器信号产生故障的原因可能是（　　）。
　　A．传感器本身及线路故障　　　　　B．信号齿缺失
　　C．ECU故障　　　　　　　　　　　D．以上都是

二、自我评价

1）通过本任务的学习，对照本任务的学习目标，你认为你是否已经掌握学习目标的内容？
　　知识目标：（　　）
　　A．掌握　　　　　B．部分掌握　　　　　C．未掌握
　　说明：_____
　　技能目标：（　　）
　　A．掌握　　　　　B．部分掌握　　　　　C．未掌握
　　说明：_____
2）你是否积极学习，不会的内容积极向别人请教，会的内容积极帮助他人学习？（　　）
　　A．积极学习　　　　　　　　　　　B．积极请教
　　C．积极帮助他人　　　　　　　　　D．三者均不积极
3）工具设备和零件有没有落地现象发生，有无保持作业现场的清洁？（　　）
　　A．无落地且场地清洁　　　　　　　B．有颗粒落地
　　C．保持作业环境清洁　　　　　　　D．未保持作业现场的清洁
4）实施过程中是否注意操作质量和有无责任心？（　　）
　　A．注意质量，有责任心　　　　　　B．不注意质量，有责任心
　　C．注意质量，无责任心　　　　　　D．全无
5）在操作过程中是否注意清除隐患，在有安全隐患时是否提示其他同学？（　　）
　　A．注意，提示　　　　　　　　　　B．不注意，未提示

学生签名：_____
____年____月____日

三、教师评价及反馈

参照成果展示的得分，学生本次任务成绩
请在□上打✓：□不合格　□合格　□良好　□优秀
说明：_____

教师签名：_____
____年____月____日

任务工单五 温度传感器结构原理与检修

学生姓名		班　级		学　号	
实训场地		学　时		日　期	

➡ 技能操作

一、工作任务

本工作任务共有 2 项：

项目 1：冷却液温度传感器检测
项目 2：进气温度传感器检测

请根据任务要求，确定所需要的场地和物品，并对小组成员进行合理的分工，制订详细的工作计划。

二、准备工作

落实安全要求，检查及记录完成任务需要的场地、设备、工具及材料。

1. 安全要求及注意事项

请认真阅读以下内容：
1）实训车辆停在指定工位上，未经过老师批准不准起动。经老师批准起动，应先检查车轮的安全顶块是否放好，驻车制动是否拉好，变速杆是否放在 P 位（A/T）或空档（M/T），车前车后有没有人在操作。
2）发动机运行时不能把手伸入，防止造成意外事故。
3）没有经过老师批准不允许随意连接或拔下电控元器件。
4）点火开关接通时，不允许连接或拔下电控系统元器件的插接器。
5）蓄电池的极性不能接反，否则将烧毁 ECU 与电子元器件。
6）禁止使用起动电源辅助起动发动机，防止损坏电控系统部件。
7）禁止触碰任何带安全警示标志的部件。
8）实训期间严禁嬉戏打闹。

2. 场地检查

检查工作场地是否清洁及是否存在安全隐患，如不正常，请汇报老师并及时处理。

3. 车辆、台架、总成、部件检查（需要/正常打√；不需要/不正常打 ×）

☐ 整车（一汽-大众迈腾整车/丰田卡罗拉，或其他同类车辆）
☐ 台架（电控发动机，车型不限）
☐ 总成（发动机电控系统总成）
☐ 部件（电控发动机的传感器、执行器）

4. 设备及工具检查（需要/正常打√；不需要/不正常打 ×）

个人防护装备：☐常规实训工装　☐手套　☐劳保鞋　☐其他装备

车辆防护装备：□翼子板布 □前格栅布 □地板垫 □座椅套 □转向盘套 □灭火器
设备及拆装工具：□举升机 □发动机吊机 □变速器托架 □抽排气系统 □拆装工具
□燃油压力表 □故障诊断仪 □示波器 □数字万用表
□红外测温仪 □LED试灯 □其他设备工具

5. 其他材料检查（需要/正常打√；不需要/不正常打×）

材料：□抹布 □绝缘胶布 □发动机机油 □齿轮油 □冷却液 □其他材料
检查异常记录：_____
_____

三、操作流程

根据制订的计划实施，完成以下任务并记录。

项目1：冷却液温度传感器检测

实训车型：_____

提示：教师根据需要提前设置故障。

1）寻找实训车上的冷却液温度传感器，你所用实训车辆的冷却液温度传感器位置为_____
_____。

2）本次实训中检测的冷却液温度传感器的结构类型为_____
_____。

3）根据电路图，结合实训车辆，再次确认冷却液温度传感器插接器各端子的作用，以及导线的颜色，记录在下表。

接线端子	作 用	导线颜色
1		
2		
3		
4		

4）冷却液温度传感器的检测。

①供电电压的检测。

检测端子	点火开关转到ON位，电表直流电压档	
	标 准 值	实 际 值
参考电源端子与搭铁	5V	
结论		

②搭铁的检测。

检测端子	点火开关转到OFF位，电表电阻档	
	标 准 值	实 际 值
搭铁端子与车身搭铁	<1Ω	
结论		

③信号电压的测量。测量传感器插接器信号端子与搭铁之间的信号电压值。

发动机状态	数据	
	标 准 值	实 际 值
点火开关置于 ON	信号数据根据当前温度变化而变化	
发动机运转		
结论		

④传感器数据流的检测。将诊断仪连接到车辆诊断座上,起动发动机,按照检测仪上的操作指示,进入发动机系统,读取冷却液温度传感器的数据。

发动机状态	数据	
	信号电压 /V	温度 /℃
点火开关置于 ON		
发动机运转		
结论		

5) 故障排除。根据以上检测的结论,如果不正确,则查找故障原因,并排除故障(应清除故障码)。必要时,根据维修手册的拆装步骤更换传感器。

故障原因及排除记录:_____

_____。

项目 2:进气温度传感器检测

实训车型:_____

提示:教师根据需要提前设置故障。

1) 寻找实训车上的进气温度传感器,你所用实训车辆的进气温度传感器位置为_____

_____。

2) 本次实训中检测的进气温度传感器的结构类型为_____

_____。

3) 根据维修手册的电路图,结合实训车辆,再次确认进气温度传感器插接器各端子的作用,以及导线的颜色,记录在下表。

进气温度传感器(如与空气流量、进气压力传感器集成为一体的进气温度传感器,只需填写进气温度传感器的端子):

接线端子	作 用	导线颜色
1		
2		
3		
4		
5		

4) 进气温度传感器的检测。

①供电电压的检测。

检测端子	点火开关转到 ON 位，电表直流电压档	
	标 准 值	实 际 值
参考电源端子与搭铁	5V	
结论		

②搭铁的检测。

检测端子	点火开关转到 OFF 位，电表电阻档	
	标 准 值	实 际 值
搭铁端子与车身搭铁	低于1Ω	
结论		

③信号电压的测量。测量传感器插接器信号端子与搭铁之间的信号电压值。

发动机状态	数 据	
	标 准 值	实 际 值
点火开关置于 ON	信号数据根据当前温度变化而变化	
发动机运转		
结论		

④传感器数据流的检测。将诊断仪连接到车辆诊断座上，起动发动机，按照检测仪上的操作指示，进入发动机系统，读取进气温度传感器的数据。

发动机状态	数 据	
	信号电压 /V	温度 /℃
点火开关置于 ON		
发动机运转		
结论		

5）故障排除。根据以上检测的结论，如果不正确，则查找故障原因，并排除故障（应清除故障码）。必要时，根据维修手册的拆装步骤更换传感器。

故障原因及排除记录：_____

任务评价

一、自我评估

1. 判断题

1）发动机冷却液温度传感器与喷油量无关。 （   ）
2）冷却液温度传感器在冷却液温度升高时阻值也升高。 （   ）
3）各种用途的温度传感器，工作原理与检测方法基本相同。 （   ）
4）温度传感器必须有控制单元提供的 5V 参考电压才能工作。 （   ）
5）进气温度传感器一定与空气流量传感器或进气歧管绝对压力传感器安装在一起。（   ）

2. 单项选择题

1）ECU 提供给温度传感器的参考电压为（　　）。
　　A．5V　　　　　　　B．8V　　　　　　　C．9V　　　　　　　D．12V

2）丰田汽车的冷却液温度传感器发生断路，混合气会（　　）。
　　A．变稀　　　　　　B．变浓　　　　　　C．不变化　　　　　D．无法确定

3）诊断仪读取到冷却液温度数据为 –40°C，说明传感器（　　）。
　　A．断路　　　　　　B．短路　　　　　　C．搭铁　　　　　　D．工作正常

4）发动机温度在 80°C，冷却液温度传感器的电阻值最接近（　　）。
　　A．10~20Ω　　　　 B．300Ω　　　　　 C．3kΩ　　　　　　 D．无穷大

5）冷却液温度传感器损坏，可能会造成（　　）。
　　A．发动机难起动　　　　　　　　　　　B．发动机故障指示灯点亮
　　C．混合气错误　　　　　　　　　　　　D．以上都是

二、自我评价

1. 通过本任务的学习，对照本任务的学习目标，你认为你是否已经掌握学习目标的内容？
　　知识目标：（　　）
　　A．掌握　　　　　　B．部分掌握　　　　C．未掌握
　　说明：_____

　　技能目标：（　　）
　　A．掌握　　　　　　B．部分掌握　　　　C．未掌握
　　说明：_____

2. 你是否积极学习，不会的内容积极向别人请教，会的内容积极帮助他人学习？（　　）
　　A．积极学习　　　　B．积极请教　　　　C．积极帮助他人　　D．三者均不积极

3. 工具设备和零件有没有落地现象发生，有无保持作业现场的清洁？（　　）
　　A．无落地且场地清洁　　　　　　　　　B．有颗粒落地
　　C．保持作业环境清洁　　　　　　　　　D．未保持作业现场的清洁

4. 实施过程中是否注意操作质量和有无责任心？（　　）
　　A．注意质量，有责任心　　　　　　　　B．不注意质量，有责任心
　　C．注意质量，无责任心　　　　　　　　D．全无

5. 在操作过程中是否注意清除隐患，在有安全隐患时是否提示其他同学？（　　）
　　A．注意，提示　　　　　　　　　　　　B．不注意，未提示

学生签名：_____
____年____月____日

三、教师评价及反馈

参照成果展示的得分，学生本次任务成绩
请在□上打 ✓：□不合格　□合格　□良好　□优秀
说明：_____

教师签名：_____
____年____月____日

任务工单六 氧传感器结构原理与检修

学生姓名		班　　级		学　　号	
实训场地		学　　时		日　　期	

➲ 技能操作

一、工作任务

本工作任务共有 2 项：

项目 1：普通氧传感器检测

项目 2：宽量程氧传感器检测

请根据任务要求，确定所需要的场地和物品，并对小组成员进行合理的分工，制订详细的工作计划。

二、准备工作

落实安全要求，检查及记录完成任务需要的场地、设备、工具及材料。

1. 安全要求及注意事项

请认真阅读以下内容：

1）实训车辆停在指定工位上，未经过老师批准不准起动，经老师批准起动，应先检查车轮的安全顶块是否放好，驻车制动是否拉好，变速杆是否放在 P 位（A/T）或空档（M/T），车前车后有没有人在操作。
2）发动机运行时不能把手伸入，防止造成意外事故。
3）没有经过老师批准不允许随意连接或拔下电控元器件。
4）点火开关接通时，不允许连接或拔下电控系统元器件的插接器。
5）蓄电池的极性不能接反，否则将烧毁 ECU 与电子元器件。
6）禁止使用起动电源辅助起动发动机，防止损坏电控系统部件。
7）禁止触碰任何带安全警示标志的部件。
8）实训期间严禁嬉戏打闹。

2. 场地检查

检查工作场地是否清洁及是否存在安全隐患，如不正常，请汇报老师并及时处理。

3. 车辆、台架、总成、部件检查（需要 / 正常打√；不需要 / 不正常打 ×）

☐整车（一汽 – 大众迈腾整车 / 丰田卡罗拉，或其他同类车辆）
☐台架（电控发动机，车型不限）
☐总成（发动机电控系统总成）
☐部件（电控发动机的传感器、执行器）

4. 设备及工具检查（需要 / 正常打√；不需要 / 不正常打 ×）

个人防护装备：☐常规实训工装　☐手套　☐劳保鞋　☐其他装备

车辆防护装备：□翼子板布　□前格栅布　□地板垫　□座椅套　□转向盘套　□灭火器
设备及拆装工具：□举升机　□发动机吊机　□变速器托架　□抽排气系统　□拆装工具
　　　　　　　　□燃油压力表　□故障诊断仪　□示波器　□数字万用表
　　　　　　　　□红外测温仪　□LED 试灯　□其他设备工具

5. 其他材料检查（需要 / 正常打√；不需要 / 不正常打 ×）

材料：□抹布　□绝缘胶布　□发动机机油　□齿轮油　□冷却液　□其他材料

检查异常记录：＿＿＿＿＿＿＿＿＿＿＿＿＿＿＿＿＿＿＿＿＿＿＿＿＿＿＿＿＿＿

三、操作流程

根据制订的计划实施，完成以下任务并记录。

项目 1：普通氧传感器检测

实训车型：＿＿＿＿＿＿＿＿＿＿＿＿＿＿＿＿＿＿＿＿＿＿＿＿＿＿＿＿＿＿

提示：教师根据需要提前设置故障。

1）寻找实训车上的氧传感器，并填表。

传感器名称	安装位置	插接器导线数量	结构类型
前氧传感器			
后氧传感器			

2）测量前氧传感器并填表。

测量端子	检测目的	正常值	测量值	结论
	加热电阻			
	加热电阻供电电压			
	信号电压			

3）检测仪器检测氧传感器信号。连接检测仪器，起动发动机，进入数据流。

操作	氧传感器电压	结论
急速		
1 500r/min		
急加速		
某缸断油		

4）氧传感器信号波形检测。将示波器测试针连接到氧传感器信号线上，打开示波器，查看并记录氧传感器波形。

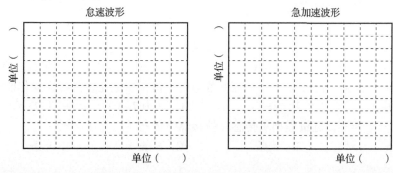

5）故障排除。根据以上检测的结论，如果不正确，则查找故障原因，并排除故障（应清除故障码）。必要时，根据维修手册的拆装步骤更换传感器。

故障原因及排除记录：_____

项目2：宽量程氧传感器检测

实训车型：_____

提示：教师根据需要提前设置故障。

1）寻找实训车上的氧传感器，并填表。

传感器名称	安装位置	插接器导线数量	结构类型
前氧传感器			
后氧传感器			

2）检测仪器检测氧传感器信号。连接检测仪器，起动发动机，进入数据流。

操作	氧传感器电压	结论
怠速		
1 500r/min		
急加速		
某缸断油		

3）故障排除。根据以上检测的结论，如果不正确，则查找故障原因，并排除故障（应清除故障码）。必要时，根据维修手册的拆装步骤更换传感器。

故障原因及排除记录：_____

任务评价

一、自我评估

1. 判断题

1）氧传感器（O2S）是电控汽油喷射系统进行闭环控制的传感器。　　　　（　　）
2）氧传感器分为氧化锆式、氧化钛式、宽量程式三种类型。　　　　　　（　　）
3）三元催化器前后安装的氧传感器，其功用是一样的。　　　　　　　　（　　）
4）二氧化钛是一种N型半导体材料，其电阻值取决于周围环境中氧离子浓度的大小。（　　）
5）目前所有汽车均采用宽量程氧传感器。　　　　　　　　　　　　　　（　　）

2. 单项选择题：

1）氧传感器加热电源供电电压为（　　）。
   A. 5V　　　　　B. 8V　　　　　C. 9V　　　　　D. 12V

2）控制单元增加喷油量时，氧传感器信号电压应该（　　）。
   A. 升高　　　　B. 降低　　　　C. 不变　　　　D. 忽高忽低

3）宽量程氧传感器，能在（　　）宽的范围内，精确测定连续的特征变化曲线。
   A. $\lambda=0\sim1$　　B. $\lambda=1\sim2$　　C. $\lambda=0.7\sim2.2$　　D. $\lambda=1\sim5$

4）以大众汽车为例，宽量程型氧传感器插接器一般有（　　）接线。
   A. 3条　　　　B. 4条　　　　C. 6条　　　　D. 8条

5）氧传感器损坏，会引起发动机哪些故障？（   ）
    A．油耗增加   B．怠速发抖
    C．发动机故障指示灯点亮   D．以上都是

二、自我评价

1）通过本任务的学习，对照本任务的学习目标，你认为你是否已经掌握学习目标的内容？
    知识目标：（   ）
    A．掌握   B．部分掌握   C．未掌握
    说明：_____

    技能目标：（   ）
    A．掌握   B．部分掌握   C．未掌握
    说明：_____

2）你是否积极学习，不会的内容积极向别人请教，会的内容积极帮助他人学习？（   ）
    A．积极学习   B．积极请教   C．积极帮助他人   D．三者均不积极

3）工具设备和零件有没有落地现象发生，有无保持作业现场的清洁？（   ）
    A．无落地且场地清洁   B．有颗粒落地
    C．保持作业环境清洁   D．未保持作业现场的清洁

4）实施过程中是否注意操作质量和有无责任心？（   ）
    A．注意质量，有责任心   B．不注意质量，有责任心
    C．注意质量，无责任心   D．全无

5）在操作过程中是否注意清除隐患，在有安全隐患时是否提示其他同学？（   ）
    A．注意，提示   B．不注意，未提示

                                                                            学生签名：_____
                                                                            ____年____月____日

三、教师评价及反馈

参照成果展示的得分，学生本次任务成绩
请在□上打✓：□不合格   □合格   □良好   □优秀
说明：_____

                                                                            教师签名：_____
                                                                           ____年____月____日

任务工单七　爆燃传感器结构原理与检修

学生姓名		班　　级		学　　号	
实训场地		学　　时		日　　期	

➡ 技能操作

一、工作任务

本工作任务共有 2 项：

项目 1：爆燃传感器检测
项目 2：爆燃传感器故障排除及更换

请根据任务要求，确定所需要的场地和物品，并对小组成员进行合理的分工，制订详细的工作计划。

二、准备工作

落实安全要求，检查及记录完成任务需要的场地、设备、工具及材料。

1. 安全要求及注意事项

请认真阅读以下内容。

1）实训车辆停在指定工位上，未经过老师批准不准起动，经老师批准起动，应先检查车轮的安全顶块是否放好，驻车制动是否拉好，变速杆是否放在 P 位（A/T）或空档（M/T），车前车后有没有人在操作。
2）发动机运行时不能把手伸入，防止造成意外事故。
3）没有经过老师批准不允许随意连接或拔下电控元器件。
4）点火开关接通时，不允许连接或拔下电控系统元器件的插接器。
5）蓄电池的极性不能接反，否则将烧毁 ECU 与电子元器件。
6）禁止使用起动电源辅助起动发动机，防止损坏电控系统部件。
7）禁止触碰任何带安全警示标志的部件。
8）实训期间严禁嬉戏打闹。

2. 场地检查

检查工作场地是否清洁及是否存在安全隐患，如不正常，请汇报老师并及时处理。

3. 车辆、台架、总成、部件检查（需要 / 正常打√；不需要 / 不正常打 ×）

☐整车（一汽 – 大众迈腾整车 / 丰田卡罗拉，或其他同类车辆）
☐台架（电控发动机，车型不限）
☐总成（发动机电控系统总成）
☐部件（电控发动机的传感器、执行器）

4. 设备及工具检查（需要 / 正常打√；不需要 / 不正常打 ×）

个人防护装备：☐常规实训工装　☐手套　☐劳保鞋　☐其他装备

车辆防护装备：□翼子板布　□前格栅布　□地板垫　□座椅套　□转向盘套　□灭火器
设备及拆装工具：□举升机　□发动机吊机　□变速器托架　□抽排气系统　□拆装工具　□燃油压力表　□故障诊断仪　□示波器　□数字万用表　□红外测温仪　□LED试灯　□其他设备工具

5. 其他材料检查（需要/正常打√；不需要/不正常打×）
材料：□抹布　□绝缘胶布　□发动机机油　□齿轮油　□冷却液　□其他材料
检查异常记录：_____
_____

三、操作流程

根据制订的计划实施，完成以下任务并记录。

项目1：爆燃传感器检测

实训车型：_____
提示：教师根据需要提前设置故障。

1）寻找实训车上的爆燃传感器，并填表。

传感器名称	安装位置	插接器导线数量	结构类型
爆燃传感器			

2）观察插接器导线颜色，分析作用。

传感器端子编号	导线颜色	导线作用	爆燃传感器端子形状与端子编号
1			
2			
3			

3）测量爆燃传感器并填表。

测量端子	检测目的	正常值	测量值	结论
	ECU提供给爆燃传感器的参考电压	4.5~5.5V		
	爆燃传感器电阻值	120~280kΩ（20℃时）		
	爆燃传感器搭铁导通	外壳或搭铁线与车身搭铁导通		

4）检测仪器检测爆燃传感器信号。连接检测仪器，起动发动机，进入数据流。

操作	爆燃传感器数据流	结论
急速		
急加速		
急减速		

5）爆燃传感器信号波形检测。将示波器测试针连接到爆燃传感器信号线上，打开示波器，查看并记录传感器波形。

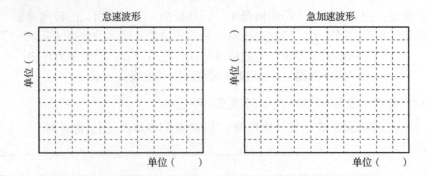

项目 2：爆燃传感器故障排除及更换

根据以上检测的结论，如果不正确，查找故障原因，并排除故障（应清除故障码）。必要时，根据拆装步骤更换传感器。

故障原因及排除记录：_____

任务评价

一、自我评估

1. 判断题

1）发生爆燃时，ECU 将点火提前角提前。　　　　　　　　　　　　　　　（　）
2）爆燃传感器靠振动产生信号，不需要 ECU 提供参考电压。　　　　　　（　）
3）常规型爆燃传感器（谐振型）比平面型爆燃传感器（非谐振型）精确。（　）
4）爆燃传感器内部的断路/短路检测电阻器集成一体。　　　　　　　　　（　）
5）示波器测得爆燃传感器信号波形为一条直线，说明发动机无爆燃现象。（　）

2. 单项选择题

1）爆燃传感器安装力矩为（　　　）。
　　A．5N·m　　　　B．10N·m　　　　C．15N·m　　　　D．20N·m
2）爆燃传感器在发动机所有工况下都产生（　　　）信号。
　　A．直流电压　　B．交流电压　　C．脉冲方波　　D．串行数据
3）以下数据最接近爆燃传感器的电阻值的是（　　　）。
　　A．5kΩ　　　　B．15kΩ　　　　C．150kΩ　　　　D．无穷大
4）点火开关转到 ON，断开爆燃传感器插接器，测量线束端子电压为（　　　）。
　　A．0V　　　　　B．2.5V　　　　C．5V　　　　　D．12V
5）爆燃传感器主要用于 ECU 控制调整（　　　）。
　　A．点火提前角　B．混合气浓度　C．排放　　　　D．怠速转速

二、自我评价及反馈

1）通过本任务的学习，对照本任务的学习目标，你认为你是否已经掌握学习目标的内容？
　　知识目标：（　　）
　　　　A．掌握　　　　B．部分掌握　　　　C．未掌握
　　说明：_____
　　技能目标：（　　）
　　　　A．掌握　　　　B．部分掌握　　　　C．未掌握

说明：_____

2）你是否积极学习，不会的内容积极向别人请教，会的内容积极帮助他人学习？（　　）

　　A．积极学习　　　　B．积极请教　　　　C．积极帮助他人　　　D．三者均不积极

3）工具设备和零件有没有落地现象发生，有无保持作业现场的清洁？（　　）

　　A．无落地且场地清洁　　　　　　　B．有颗粒落地

　　C．保持作业环境清洁　　　　　　　D．未保持作业现场的清洁

4）实施过程中是否注意操作质量和有无责任心？（　　）

　　A．注意质量，有责任心　　　　　　B．不注意质量，有责任心

　　C．注意质量，无责任心　　　　　　D．全无

5）在操作过程中是否注意清除隐患，在有安全隐患时是否提示其他同学？（　　）

　　A．注意，提示　　　　　　　　　　B．不注意，未提示

学生签名：_____

____年____月____日

三、教师评价及反馈

参照成果展示的得分，学生本次任务成绩

请在□上打✓：□不合格　　□合格　　□良好　　□优秀

说明：_____

教师签名：_____

____年____月____日

项目四　电控发动机故障诊断与排除

任务工单一　自诊断系统认知与诊断仪器的使用

学生姓名		班　　级		学　　号	
实训场地		学　　时		日　　期	

▶ 技能操作

一、工作任务

本工作任务共有 2 项：

项目 1：故障诊断仪器的认识
项目 2：故障诊断仪器的使用

请根据任务要求，确定所需要的场地和物品，并对小组成员进行合理的分工，制订详细的工作计划。

二、准备工作

落实安全要求，检查及记录完成任务需要的场地、设备、工具及材料。

1. 安全要求及注意事项

请认真阅读以下内容。

1）实训车辆停在指定工位上，未经过老师批准不准起动，经老师批准起动，应先检查车轮的安全顶块是否放好，驻车制动是否拉好，变速杆是否放在 P 位（A/T）或空档（M/T），车前车后有没有人在操作。
2）发动机运行时不能把手伸入，防止造成意外事故。
3）没有经过老师批准不允许随意连接或拔下电控元器件。
4）点火开关接通时，不允许连接或拔下电控系统元器件的插接器。
5）蓄电池的极性不能接反，否则将烧毁 ECU 与电子元器件。
6）禁止使用起动电源辅助起动发动机，防止损坏电控系统部件。
7）禁止触碰任何带安全警示标志的部件。
8）实训期间严禁嬉戏打闹。

2. 场地检查

检查工作场地是否清洁及是否存在安全隐患，如不正常，请汇报老师并及时处理。

3. 车辆、台架、总成、部件检查（需要 / 正常打√；不需要 / 不正常打 ×）

□整车（一汽－大众迈腾整车 / 丰田卡罗拉，或其他同类车辆）

□台架（电控发动机，车型不限）
□总成（发动机电控系统总成）
□部件（电控发动机的传感器、执行器）

4. 设备及工具检查（需要/正常打√；不需要/不正常打×）

个人防护装备：□常规实训工装　□手套　□劳保鞋　□其他装备
车辆防护装备：□翼子板布　□前格栅布　□地板垫　□座椅套　□转向盘套　□灭火器
设备及拆装工具：□举升机　□发动机吊机　□变速器托架　□抽排气系统　□拆装工具
　　　　　　　　□燃油压力表　□故障诊断仪　□示波器　□数字万用表
　　　　　　　　□红外测温仪　□LED试灯　□其他设备工具

5. 其他材料检查（需要/正常打√；不需要/不正常打×）

材料：□抹布　□绝缘胶布　□发动机机油　□齿轮油　□冷却液　□其他材料
检查异常记录：_____
_____

三、操作流程

根据制订的计划实施，完成以下任务并记录。

项目1：故障诊断仪器的认识

1）认识实训室配置的故障诊断仪器，确定其品牌/型号、结构组成（主机、诊断接头等）及功能。

序号	品牌/型号	结构组成	功能简述
仪器1			
仪器2			
仪器3			

2）你知道哪些品牌车型原厂诊断仪器的名称？如果不知道，请查阅资料或利用网络查询。
　　　原厂诊断仪器名称：_____

项目2：故障诊断仪器的使用

实训车型：_____
提示：教师提前设置故障码。
连接诊断仪器，进入到功能选择，分别进行故障码读取和清除，以及数据流读取，并浏览仪器其他的功能。

1）记录实际读取到的故障码：_____
2）记录与读取到的故障码内容相关的数据流（部分）。

项　目	数　值	单　位

3）简述本检测仪器还有哪些其他功能。

任务评价

一、自我评估

1. 判断题

1）所有品牌车型的发动机故障警告灯都相同。　　　　　　　　　　　　　（　　）
2）所有品牌车型诊断座各针脚的含义都是一样的。　　　　　　　　　　　（　　）
3）世界各国的汽车制造厂大都参照 OBD-Ⅱ 标准来装备车辆。　　　　　　（　　）
4）诊断仪器能利用 BUS 线路同时监控及读取其他控制单元的故障码和数据。（　　）
5）故障排除后，发动机故障码会自动清除。　　　　　　　　　　　　　　（　　）

2. 单项选择题

1）标准的 OBD-Ⅱ 诊断座针脚功用，16号脚为（　　）。
　　A．数据输出线　　　B．搭铁线　　　C．电源线　　　D．空脚
2）以下哪个故障码表示发动机控制系统发生的故障？（　　）
　　A．B1225　　　B．P0010　　　C．U0021　　　D．C2112
3）丰田卡罗拉诊断座的位置是在（　　）。
　　A．发动机舱　　　　　　　　　　B．驾驶舱仪表板下
　　C．行李舱内　　　　　　　　　　D．变速杆装饰板下
4）利用诊断仪读取动态数据流时，点火开关/发动机状态为（　　）。
　　A．点火开关置于 OFF　　　　　　B．点火开关置于 ACC，发动机熄火
　　C．点火开关置于 ON，发动机熄火　D．发动机运行
5）诊断仪对发动机电控系统可以进行下列哪些功能操作？（　　）
　　A．读取和清除故障码　　　　　　B．读取数据流
　　C．元件动作测试　　　　　　　　D．以上都是

二、自我评价

1）通过本任务的学习，对照本任务的学习目标，你认为你是否已经掌握学习目标的内容？
　　知识目标：（　　）
　　A．掌握　　　　　B．部分掌握　　　C．未掌握
　　说明：_____
　　技能目标：（　　）
　　A．掌握　　　　　B．部分掌握　　　C．未掌握
　　说明：_____
2）你是否积极学习，不会的内容积极向别人请教，会的内容积极帮助他人学习？（　　）
　　A．积极学习　　　　　　　　　　B．积极请教
　　C．积极帮助他人　　　　　　　　D．三者均不积极
3）工具设备和零件有没有落地现象发生，有无保持作业现场的清洁？（　　）
　　A．无落地且场地清洁　　　　　　B．有颗粒落地
　　C．保持作业环境清洁　　　　　　D．未保持作业现场的清洁
4）实施过程中是否注意操作质量和有无责任心？（　　）
　　A．注意质量，有责任心　　　　　B．不注意质量，有责任心
　　C．注意质量，无责任心　　　　　D．全无

5)在操作过程中是否注意清除隐患,在有安全隐患时是否提示其他同学?(　　)

  A. 注意,提示   B. 不注意,未提示

学生签名:_____

____年____月____日

三、教师评价及反馈

参照成果展示的得分,学生本次任务成绩

请在□上打✓:□不合格 □合格 □良好 □优秀

说明:_____

教师签名:_____

____年____月____日

任务工单二　发动机电子控制单元故障诊断与排除

学生姓名		班　　级		学　　号	
实训场地		学　　时		日　　期	

▶ 技能操作

一、工作任务

本工作任务共有 2 项：

项目 1：诊断仪器不能与发动机电子控制单元通信故障分析

项目 2：发动机电子控制单元电源、搭铁及通信电路检测

请根据任务要求，确定所需要的场地和物品，并对小组成员进行合理的分工，制订详细的工作计划。

二、准备工作

落实安全要求，检查及记录完成任务需要的场地、设备、工具及材料。

1. 安全要求及注意事项

请认真阅读以下内容：

1）实训车辆停在指定工位上，未经过老师批准不准起动，经老师批准起动，应先检查车轮的安全顶块是否放好，驻车制动是否拉好，变速杆是否放在 P 位（A/T）或空档（M/T），车前车后有没有人在操作。
2）发动机运行时不能把手伸入，防止造成意外事故。
3）没有经过老师批准不允许随意连接或拔下电控元器件。
4）点火开关接通时，不允许连接或拔下电控系统元器件的插接器。
5）蓄电池的极性不能接反，否则将烧毁 ECU 与电子元器件。
6）禁止使用起动电源辅助起动发动机，防止损坏电控系统部件。
7）禁止触碰任何带安全警示标志的部件。
8）实训期间严禁嬉戏打闹。

2. 场地检查

检查工作场地是否清洁及是否存在安全隐患，如不正常，请汇报老师并及时处理。

3. 车辆、台架、总成、部件检查（需要/正常打√；不需要/不正常打 ×）

☐整车（一汽-大众迈腾整车/丰田卡罗拉，或其他同类车辆）
☐台架（电控发动机，车型不限）
☐总成（发动机电控系统总成）
☐部件（电控发动机的传感器、执行器）

4. 设备及工具检查（需要/正常打√；不需要/不正常打 ×）

个人防护装备：☐常规实训工装　☐手套　☐劳保鞋　☐其他装备

车辆防护装备：□翼子板布　□前格栅布　□地板垫　□座椅套　□转向盘套　□灭火器
设备及拆装工具：□举升机　□发动机吊机　□变速器托架　□抽排气系统　□拆装工具
　　　　　　　　□燃油压力表　□故障诊断仪　□示波器　□数字万用表
　　　　　　　　□红外测温仪　□LED试灯　□其他设备工具

5. 其他材料检查（需要/正常打√；不需要/不正常打×）
材料：□抹布　□绝缘胶布　□发动机机油　□齿轮油　□冷却液　□其他材料
检查异常记录：_____
_____

三、操作流程

根据制定的计划实施，完成以下任务并记录。

项目1：诊断仪器不能与发动机电子控制单元通信故障分析
实训车型：_____
提示：教师根据需要事先设置故障。
连接诊断仪器，仪器是否能与车辆控制单元通信？如果不能，则判断故障原因并排除。
故障原因：_____
排除方法：_____

项目2：发动机电子控制单元电源、搭铁及通信电路检测
实训车型：_____
提示：教师根据需要事先设置故障。
（1）发动机电子控制单元电源及搭铁检测
　　　ECU电源是否正常：_____
　　　处理方法：_____
　　　ECU搭铁是否正常：_____
　　　处理方法：_____
（2）OBD诊断座检测
　　　利用万用表检测诊断座，并填写下表。

端子	端子含义	正常值	实测值	结论
4				
5				
6				
7				
14				
16				

　　　CAN终端电阻：端子6~14号
　　　正常值：_____
　　　实测值：_____
　　　不正常原因分析或结论：_____
_____

任务评价

一、自我评估

1. 判断题

1）如果电子控制单元同时控制发动机和自动变速器，则可以称为 TCM。（   ）
2）信号电压（或电流）随时间变化而连续变化的信号称为数字拟信号。（   ）
3）拆装 ECU 前需要断开蓄电池电源。（   ）
4）发动机不能起动或起动 2s 左右立即熄火，说明 ECU 损坏。（   ）
5）车身进行焊接工作（电焊或氧焊）时，先断开蓄电池，否则易烧毁电子控制单元。（   ）

2. 单项选择题

1）电控发动机的喷油顺序控制程序存储在 ECU 的（   ）中。
　　A．RAM　　　　　　　　　　B．ROM
　　C．PROM　　　　　　　　　 D．EPROM

2）下列不需要进行模数转换的信号是（   ）。
　　A．进气温度传感器信号　　　 B．霍尔传感器信号
　　C．氧传感器信号　　　　　　 D．直流电压信号

3）拆下蓄电池电缆后，会对电控系统控制单元内的（   ）数据造成影响。
　　A．RAM　　　　　　　　　　B．ROM
　　C．A–D　　　　　　　　　　D．EEPROM

4）一般情况下，电控发动机的故障码不能通过（   ）方法清除。
　　A．诊断仪器　　　　　　　　 B．断开 ECU 电源
　　C．拆下蓄电池负极　　　　　 D．关闭点火开关

5）采用万用表利用 OBD 诊断座检测控制单元终端电阻值，最接近的数据是（   ）Ω。
　　A．0　　　　B．60　　　　C．120　　　　D．180

二、自我评价

1）通过本任务的学习，对照本任务的学习目标，你认为你是否已经掌握学习目标的内容？
　　知识目标：（   ）
　　A．掌握　　　　　B．部分掌握　　　C．未掌握
　　说明：
　　技能目标：（   ）
　　A．掌握　　　　　B．部分掌握　　　C．未掌握
　　说明：

2）你是否积极学习，不会的内容积极向别人请教，会的内容积极帮助他人学习？（   ）
　　A．积极学习　　　　　　　　 B．积极请教
　　C．积极帮助他人　　　　　　 D．三者均不积极

3）工具设备和零件有没有落地现象发生，有无保持作业现场的清洁？（   ）
　　A．无落地且场地清洁　　　　 B．有颗粒落地
　　C．保持作业环境清洁　　　　 D．未保持作业现场的清洁

4）实施过程中是否注意操作质量和有无责任心？（   ）
　　A．注意质量，有责任心　　　 B．不注意质量，有责任心
　　C．注意质量，无责任心　　　 D．全无

5)在操作过程中是否注意清除隐患，在有安全隐患时是否提示其他同学？（   ）

  A．注意，提示   B．不注意，未提示

学生签名：_____

____年____月____日

三、教师评价及反馈

参照成果展示的得分，学生本次任务成绩

请在□上打✓：□不合格　　□合格　　□良好　　□优秀

说明：_____

教师签名：_____

____年____月____日

任务工单三　电控发动机典型故障码诊断与排除

学生姓名		班　　级		学　　号	
实训场地		学　　时		日　　期	

➡ 技能操作

一、工作任务

本工作任务共有 2 项：

项目 1：发动机"缺火"故障码诊断与排除
项目 2：发动机"混合气不良"故障码诊断与排除

请根据任务要求，确定所需要的场地和物品，并对小组成员进行合理的分工，制订详细的工作计划。

二、准备工作

落实安全要求，检查及记录完成任务需要的场地、设备、工具及材料。

1. 安全要求及注意事项

请认真阅读以下内容。

1）实训车辆停在指定工位上，未经过老师批准不准起动，经老师批准起动，应先检查车轮的安全顶块是否放好，驻车制动是否拉好，变速杆是否放在 P 位（A/T）或空档（M/T），车前车后有没有人在操作。
2）发动机运行时不能把手伸入，防止造成意外事故。
3）没有经过老师批准不允许随意连接或拔下电控元器件。
4）点火开关接通时，不允许连接或拔下电控系统元器件的插接器。
5）蓄电池的极性不能接反，否则将烧毁 ECU 与电子元器件。
6）禁止使用起动电源辅助起动发动机，防止损坏电控系统部件。
7）禁止触碰任何带安全警示标志的部件。
8）实训期间严禁嬉戏打闹。

2. 场地检查

检查工作场地是否清洁及是否存在安全隐患，如不正常，请汇报老师并及时处理。

3. 车辆、台架、总成、部件检查（需要 / 正常打√；不需要 / 不正常打 ×）

☐ 整车（一汽 – 大众迈腾整车 / 丰田卡罗拉，或其他同类车辆）
☐ 台架（电控发动机，车型不限）
☐ 总成（发动机电控系统总成）
☐ 部件（电控发动机的传感器、执行器）

4. 设备及工具检查（需要 / 正常打√；不需要 / 不正常打 ×）

个人防护装备：☐ 常规实训工装　☐ 手套　☐ 劳保鞋　☐ 其他装备
车辆防护装备：☐ 翼子板布　☐ 前格栅布　☐ 地板垫　☐ 座椅套　☐ 转向盘套　☐ 灭火器

设备及拆装工具：□举升机　□发动机吊机　□变速器托架　□抽排气系统　□拆装工具　□燃油压力表　□故障诊断仪　□示波器　□数字万用表　□红外测温仪　□LED 试灯　□其他设备工具

5. 其他材料检查（需要/正常打√；不需要/不正常打 ×）

材料：□抹布　□绝缘胶布　□发动机机油　□齿轮油　□冷却液　□其他材料

检查异常记录：_____

三、操作流程

根据制订的计划实施，完成以下任务并记录。

项目 1：发动机"缺火"故障码诊断与排除

实训车型：_____

提示：教师根据需要提前设置故障。

参照教材或维修手册步骤操作、分析并排除故障，并记录。

（1）读取到的故障码：_____
（2）故障原因分析：_____
（3）实际故障原因：_____
（4）故障排除记录：_____

项目 2：发动机"混合气不良"故障码诊断与排除

实训车型：_____

提示：教师根据需要提前设置故障。

参照教材或维修手册步骤操作、分析并排除故障，并记录。

（1）读取到的故障码：_____
（2）故障原因分析：_____
（3）实际故障原因：_____
（4）故障排除记录：_____

任务评价

一、自我评估

1. 判断题

1）偶发故障码如果能够清除，则表示故障不会再发生。　　　　　　　　（　　）
2）发动机"缺火"的故障码是指点火系统出故障。　　　　　　　　　　（　　）
3）如果发动机进气管道漏气，则可能导致故障码 P0171。　　　　　　　（　　）
4）如果三元催化器堵塞，则可能导致故障码 P0301。　　　　　　　　　（　　）
5）数据流中燃油修正的数据越大越好。　　　　　　　　　　　　　　　（　　）

2. 单项选择题

1）如果发动机控制单元记忆 P0303 的故障码，则以下最有可能出故障的是（　　）。
　　A．空气流量传感器　　B．电动燃油泵　　C．第 3 缸火花塞　　D．曲轴位置传感器
2）4 缸"双点火"发动机，控制单元记忆 P0302 和 P0303 的故障码，以下最有可能出故障的是（　　）。
　　A．2 缸和 3 缸喷油器喷油器　　　　　　B．点火模块

C．1~4缸点火线圈　　　　　　　　D．2~3缸点火线圈
3）如果混合气突然变浓，则以下说法正确的是（　　）。
　　A．先启动短期燃油修正，增加喷油器的喷油时间
　　B．先启动短期燃油修正，减少喷油器的喷油时间
　　C．先启动长期燃油修正，增加喷油器的喷油时间
　　D．先启动长期燃油修正，减少喷油器的喷油时间
4）数据流中燃油修正的数据为"–"，表示（　　）。
　　A．控制单元减少喷油时间　　　　　B．控制单元增加喷油时间
　　C．控制单元故障　　　　　　　　　D．诊断仪器
5）发动机控制单元进行混合气调整或燃油修正中，最重要的传感器信号是（　　）。
　　A．空气流量传感器　　　　　　　　B．曲轴位置传感器
　　C．氧传感器　　　　　　　　　　　D．冷却液温度传感器

二、自我评价

1）通过本任务的学习，对照本任务的学习目标，你认为你是否已经掌握学习目标的内容？
　　知识目标：（　　）
　　A．掌握　　　　　B．部分掌握　　　　　C．未掌握
　　说明：_____
　　技能目标：（　　）
　　A．掌握　　　　　B．部分掌握　　　　　C．未掌握
　　说明：_____
2）你是否积极学习，不会的内容积极向别人请教，会的内容积极帮助他人学习？（　　）
　　A．积极学习　　　　B．积极请教　　　　C．积极帮助他人　　　D．三者均不积极
3）工具设备和零件有没有落地现象发生，有无保持作业现场的清洁？（　　）
　　A．无落地且场地清洁　　　　　　　B．有颗粒落地
　　C．保持作业环境清洁　　　　　　　D．未保持作业现场的清洁
4）实施过程中是否注意操作质量和有无责任心？（　　）
　　A．注意质量，有责任心　　　　　　B．不注意质量，有责任心
　　C．注意质量，无责任心　　　　　　D．全无
5）在操作过程中是否注意清除隐患，在有安全隐患时是否提示其他同学？（　　）
　　A．注意，提示　　　　　　　　　　B．不注意，未提示

学生签名：_____
____年____月____日

三、教师评价及反馈

参照成果展示的得分，学生本次任务成绩
请在□上打✓：□不合格　□合格　□良好　□优秀
说明：_____

教师签名：_____
____年____月____日